Beach Reading

비치리딩 시리즈 ⑤
부산_포구를 걷다

비치리딩 시리즈 ⑤
부산_포구를 걷다
요약판 초판 1쇄 2022년 7월 15일

글	동길산
디자인	이경영
인쇄	효성정판
제본	광명제책

펴낸이 진현욱
펴낸곳 엔크리에이티브(주) **도서출판 예린원** (출판등록 제9-86호)
주소 : 부산시 해운대구 좌동순환로 237, 301호
전화 : 051-747-5099 팩스 : 051-980-7599
ncreativeinc@daum.net

ISBN 979-11-85124-27-8

* 잘못된 책은 바꾸어 드립니다.
* 값은 뒷표지에 있습니다.
* 저자와의 협의에 의해 인지를 붙이지 않습니다.

ⓒ 동길산

일러두기
1. 이 책은 부산출판문화산업협회의 '비치리딩 시리즈' 발간의 일환으로 2015년 예린원에서 간행했던 「포구를 걷다」 (동길산 글, 조강제 사진)를 다시 편집한 책입니다.
2. 이 책은 '비치리딩 시리즈' 제작 목적에 맞게 텍스트에 중심을 두었고 원문은 가급적 수정하지 않았습니다. 해서 원고 작성 시점이 기존 책 출간 시점입니다.
3. 다만 기존 「포구를 걷다」 판본에서 사진을 걷어내고 텍스트만 실었으며, 팁(Tip)과 같은 부차적인 글도 걷어냈습니다.
4. 사진과 함께한 책을 원하시면 2015 세종도서 문학나눔과 부산문화재단 우수도서 선정작인 「포구를 걷다」를 권해드립니다.

상처난 마음을 어루만지는 위로와
성찰의 지혜가 있는 포구로 당신을 초대합니다.

부산_포구를 걷다

글 · 동길산

들어가는 말

여기가 저기로 스며들고
사람이 사람에게로 스며들길

포구는 뭍과 물의 경계입니다. 앞으로 나아가느냐 뒤로 물러서 느냐, 나아감과 물러남의 경계이기도 하지요. 누구나 경계에 설 때가 있습니다. 경계에 서서 결단을 내려야 할 때가 있지요. 삶의 갈림길에 서서 나아갈 것인가 물러날 것인가. 이 길로 갈 것인가 저 길로 갈 것인가. 그럴 때 포구에 서 보면 어떨까요. 뭍과 물의 경계에 서서, 나아감과 물러남의 경계에 서서 포구가 두런두런 하는 말을 곰곰 들어 보면 어떨까요.

포구는 변방입니다. 육지 끄트머리가 포구지요. 그러면서 포구는 중심입니다. 물과 뭍의 중심에 포구가 있지요. 변방이면서 중심인 포구. 포구에 서는 순간 변방에 서는 순간, 누구든 중심이 됩니다. 세상의 중심에서 밀려났다고 여기는 그대, 세상의 변방으로 밀려났다고 여기는 그대, 그대가 곧 세상의 중심입니다. 포구에 서서 시린 마음을 추스르면 어떨까요. 주저앉으려는 마음을 '그래그래 니가 중심이다' 토닥토닥 다독이면 어떨까요.

풍경은 동경입니다. 누군가에게 익숙한 풍경은 다른 누군가에겐 낯선 동경이 되지요. 포구 가까이 사는 사람이 늘 보는 풍경 또한 포구 멀리 사는 사람에겐 동경이 되리라 생각합니다. 곡선 같기도 하고 직선 같기도 한 수평선이며 파도와 갯바람과 갯내. 포구에 서면 보이는 것들이, 포구에 서야 다가오는 것들이 포구 바깥으로 스며들면 좋겠습니다. 그리하여 여기가 저기로 스며들고 사람이 사람에게로 스며들면 좋겠습니다.

한마디 더. 포구의 경계는 아침저녁 다르고 매일매일 다릅니다. 물이 들고 남에 따라 다르고 파도가 센가 여린가에 따라 다릅니다. 사람의 경계도 마찬가집니다. 늘 다르죠. 늘 다른 경계에 서서 갈등하다가 제자리로 돌아가는 것. 그게 삶 아니겠는지요. 변방도 그렇지요. 중심이 주는 중압감을 털어낸 변방은 우리가 도달해야 할 궁극이겠지요. 갈림길 이정표가 가리키는 가장 먼 지점이기도 하겠고요. 결국 포구는 마음속 피안이기도 하며 피안의 경계이기도 합니다. 멀다면 한없이 멀고 가깝다면 한없이 가까운 마음속 포구에 오늘 또 나를 세웁니다. 수평선은 늘 봐도 모르겠습니다. 곡선인지 직선인지. 곡선과 직선을 뛰어넘은 선 너머 선인지.

홍길산

물과 뭍 경계에 선 내가 더 나아갈 곳 없어
마음만 수평선 너머로 보내는 땅의 끝, 포구.

부산_포구를 걷다

들어가는 말
여기가 저기로 스며들고 사람이 사람에게로 스며들길 | 6

강서구 명지
고요한 강물 새 울음소리, 마음속 섬 하나로 뜨고 | 14

사하구 장림 홀티
물과 물이 만나 마침내 하나가 되는 저 수평의 바다 | 22

사하구 다대포
가슴속 등불 같은 석양 | 30

서구 송도 암남
솔숲 비친 푸른 물빛에 어룽거리는 젊은 날 | 38

중구 자갈치
선착장 들이박을 기세로 다가오는 배… 내가 기우뚱대다 | 46

북구 구포
갈대가 연신 까닥대며 새를 유혹하다 | 56

영도구 하리포구
조개껍질 같이 날카로운, 산과 섬 사이 포구 | 64

남구 감만시민부두
호롱불 같은 등대가 밝히는 부산항 들목 | 72

남구 분포
외로움을 말리듯 바닷물 졸이던 소금밭의 기억 | 80

수영구 민락
잃어 버린 기억을 쓰다듬는 도심 속 고마운 포구 | 88

해운대구 미포
하얀 갈매기가 일으키는 하얀 물살 | 96

해운대구 청사포(1)
보이는 것도 푸르고 보이지 않는 것도 푸른 | 104

해운대구 청사포(2)
저 푸른 바다의 입… 사람 마음 깨물어, 놓아주지 않는 | 114

해운대구 송정
생의 그물 너머 저만치 불그스름한 일출 | 122

기장군 공수
비웃고 빈정댄 나를 나무라는 포구 | 130

기장군 대변항
경계에서 우리 것을 생각하다 | 138

기장군 칠암
움켜잡았다 싶으면 미끌미끌 빠져나가는 | 146

기장군 월내
나에게서 멀찍이 떨어져 달 보듯 나를 보다 | 154

공간은 기둥이다.
사람이 붙잡는 공간이고 사람의 추억이 붙잡는 공간이다.
기둥이 없는 삶은 얼마나 불안한가. 얼마나 아슬한가.

부산_포구를 걷다

강서구 명지

고요한 강물 새 울음소리,
마음속 섬 하나로 뜨고

강바닥 모래가 밀려와서 쌓인 섬이고 산과 들
흙이 씻겨 와서 쌓인 섬이다. 모래는 얼마큼 밀려와야
섬이 되나. 흙은 얼마큼 씻겨 와야 섬이 되나. 나는 얼마큼
밀리고 얼마큼 씻겨야 내 안에 섬 하나를 우뚝 쌓나.

강서구 명지_고요한 강물 새 울음소리, 마음속 섬 하나로 뜨고

새(鳥)가 운다(口). 명(鳴)이다. 명지(鳴旨)다. 새가 울어서 사람을 붙잡는 포구 명지. 날면서 우는 새도, 앉아서 우는 새도 소리는 뾰족하다. 부리가 뾰족해서 소리도 뾰족하다. 뾰족한 소리가 사람을 콕콕 쫀다. 사람 심사를 콕콕 쫀다.

명지는 섬. 낙동강 유장한 강물이 만들어 낸 섬이 명지다. 강바닥 모래가 밀려와서 쌓인 섬이고 산과 들 흙이 씻겨 와서 쌓인 섬이다. 모래는 얼마큼 밀려와야 섬이 되나. 흙은 얼마큼 씻겨 와야 섬이 되나. 나는 얼마큼 밀리고 얼마큼 씻겨야 내 안에 섬 하나를 우뚝 쌓나.

바다는 잔잔하다. 호수 같다. 강물이 밀려오면 바닷물

이 밀려가고 바닷물이 밀려오면 강물이 밀려가는 바다. 뾰족한 새소리에 일 년 삼백육십오일 쪼이고도 잔잔한 저 바다. 밀려오면 밀려갈 뿐 다투는 일이라곤 없을 저 바다. 내공이 깊다. 바다는 내공이 깊어서 수심이 깊은가.

잔잔한 바다를 낀 포구는 명지 새동네 포구. 을숙도 하구언을 지나서 처음으로 맞닥뜨리는 포구다. 명지 새동네는 하구언이 들어서면서 새로 들어선 동네. 하구언은 강 하구를 막은 댐이다. 을숙도 하구언은 댐이자 섬과 육지를 잇는 다리. 하구언이 들어선 게 이십 년쯤 되니 새동네도 이십 년쯤 된다. 포구 오른편 공사 중인 명지대교가 보이고 건너편은 갈대밭이다.

"갈꽃을 뽑아서 내다팔았다 아인교." 새동네에서 식당을 하는 박승필 아주머니. 배 타고 갈대밭으로 건너가 갈대꽃 뽑던 시절을 들려준다. 갈대꽃으로 만든 빗자루는 쓸리기도 잘 쓸려 다른 빗자루는 저리 가라였다고 한다. '나이롱' 빗자루가 나오기 전에는 최고의 빗자루였다고 한다. 하구언이 들어서기 전 나룻배를 타고 일웅도를 거쳐 하단으로 다니던 시절 얘기다.

명지에서 나룻배를 타던 곳은 신포나루. 갈꽃빗자루 대파 게젓 명지쌀, 이런저런 채소를 한 짐 두 짐 배에 싣던 나루가 신포나루다. 통학생이며 석양에 물든 행락객을 싣던 나루가 신포나루다. 하구언이 들어서면서 신포나루는 나루였다는 나루터로 물러앉고 새로운 포구에서 또는 하구언 아래 옛 포구에서 배를 부르고 보낸다. 새동네 영강 동리 다신 등등 포구들이 그것이다.

갈잎이 덮어 놓은 길을 지나옵니다 숨죽은 배추잎 거적대기 바다에 닿여 도는 가마우지 인화되지 않은 몇 마리를 북쪽으로 날립니다 물에 물살이 부딪쳐 이루는 작은 그늘에 숭어가 썩고 멀리는 일웅등 첫물까지 파꽃이 하얗게 피었습니다 이응벽이 삭고 다시 사람들이 일어서고 하는.

- 박태일 시 '명지 물끝1'

일웅등은 명지 앞바다 모래톱. 명지 앞바다엔 모래톱이 지천이다. 백합등 도요등 맹금머리등 등등이다. 보드랍고 완만한 소 잔등을 닮아 무슨무슨 등이다. 을숙도 신자도 장자도 진우도 모두 모래톱이다. 바닷가나 강가 모래 널따랗게 깔린 오목한 벌판이 모래톱이다. 명지 명은 울 명(鳴). 마을에 변고가 생기면 종소리 북소리가 울린다는 내력이 담긴 지명이다. 조선 세종 때 지리지에 비슷한 대목이 나온다. '오래 가물다 비가 올 때나 오래 비 오다 개일 때 벼락치는 소리가 들려서 명지라고 부른다.' 김정호 대동여지도에는 명지에 백사장 표시가 있고 무슨 암호 같은 삐뚤빼뚤 네 글자가 보인다. 자염최성(煮鹽最盛). '자염이 최고 번성(盛)하다'는 뜻을 가진 한자다.

자염(煮鹽)은 불을 때서 얻은 소금이다. 가마솥 가득 채운 바닷물을 끓여서 얻는 우리나라 전통 소금이 자염이다. 조선 인문지리지 신증동국여지승람에 '소금 굽는 연기가 물가에 비쳤다'라는 대목이 나온다. 고려 문인 안축은 '뜨거운 열기와 연기 그을음/끓이는 훈기에 눈썹이 까맣게 탔네./하루 종일 백 말의 물을 끓여도/소금 한 섬 채울 수 없네./슬프다, 저 소금 끓이는 사람들이여'라고 썼다.

말 나온 김에 한마디! 염전을 통한 천일염(天日鹽)은 일본식 소금이다. 일제강점기를 거치면서 한국 소금 주류가 됐다. 자염은 천일염보다 덜 짜고 영양소가 풍부하다. 개펄을 해치지 않고 얻는 친환경 소금이기도 하다. 충남 태안에선 매년 자염축제가 열린다. 전북 고창에는 자염박물관이 있다.

명지소금은 예로부터 알아주던 소금. 나라님 수라상에 오르던 소금이다. 소금이 귀하던 시절 소금 중에서도 귀한 소금이 명지소금이다. 명지소금은 그래서 한 알 한 알 헤아리면서 간을 맞추었으리. 백금 순금처럼 명지소금도 금붙이 하나였으리. 명지에서 난 김 명지김도 금쪽이었다. 소금도 금으로 알아주고 김도 금으로 알아주던 금빛 반짝이던 곳이 명지다.

"환경단체서 왔능교?" 명지사람 이 사람 저 사람을 붙잡고 미주알고주알 캐묻자 등산복 차림 근육질 장년이 다가와 따지듯이 묻는다. 말꼬리가 뾰족하다. 들어 보니 호수 같은 바다에 유람선을 띄워서 손님을 불러들이지 못하는 것도 환경단체 탓이고 명지대교 공사가 더딘 것도 환경단체 탓이다. 근육질에 뾰족한 말꼬리에 따지고 자시고 할 엄두가 안 난다. 먼저 꼬리를 내리는 게 상책이다. 말끝마다 "예에, 예에" 고개를 주억거린다.

잔잔한 바다를 가르며 배가 다가온다. 배 뒤가 허옇게 인다. 물살이다. 물길이다. 그러고 보면 바다에도 길이 있다. 배가 다니는 길이 따로 있다. 배를 대는 선착장 코앞 바다에 나무 작대기가 꽂혀 있다. 바다 아래 장애물을 피해 배가 다니라고 꽂아 둔 참나무 작대기라고 박승필 아주머니가 일러준다. 모든 바다가 길인 것 같아도 모든 바다가 길이 아니다.

길이라고 여긴 길이 길이 아닐 땐 난감하다. 길이 있다고 생각했는데 길이 없을 때도 난감하고 길이 끊겼을 때도 난감하다. 사람과 사람 사이에도 숱한 길이 있다. 길이 아닌데 길이라 여긴 길이 있고 처음부터 없던 길이 있고 도중에 끊긴 길이 있다. 내 건너편에 있는 당신. 당신은 나에게 어떤 길인가. 나는 당신에게 어떤 길인가.

모든 바다가 길이 아니지만 모든 바다는 길과 이어진다. 개펄에 걸린 배는 물이 들면서 다시 떠 뱃길을 저어 간다. 길이 보이지 않는다고 절망에 다다를 즈음 생각지도 않은 길이 불쑥 나타나기도 하고 길 끝에 또 다른 길이 이어져 숨통을 트기도 한다. 표정이 어두운 남녀가 포구 난간에 기대 바다를 본다. 길이라도 찾을 요량인지 오는 배 가는 배가 만들어내는 물길을 본다.

여자아이 둘 남자아이 하나, 포구에서 조개껍질 소라껍질을 줍는다. 깨어진 껍질은 골라내고 온전한 것만 비닐봉투에 담는다. 지켜보는 어른은 "손 다칠라" 연신 주의를 준다. 주의가 지나쳐 손 베이겠다. 껍질만 갖고도 즐거운 아이들. 나도 껍질만 갖고도 즐겁고 싶은데 일행이 탄 차가 시동을 걸고 재촉한다. 가을전어 명지전어가 파닥이는 명지시장에 가서 요기를 해야 할 참이다.

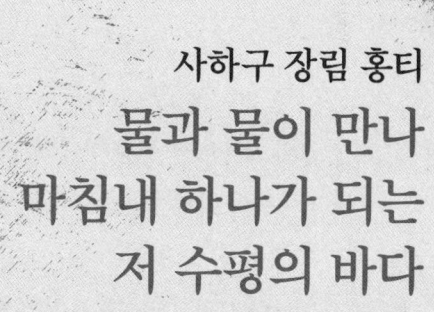

사하구 장림 홍티

물과 물이 만나
마침내 하나가 되는
저 수평의 바다

산물은 낙동강을 거쳐 홍티에 이르고
바닷물은 다대포를 거쳐 홍티에 이른다.
높은 곳 물이 낮은 곳 물과 합치는 포구.
얕은 곳 물이 깊은 곳 물과 합치는 포구.
높음과 낮음이 만나서 하나가 되고
얕음과 깊음이 만나서 하나가 되는 포구가 홍티다.

사하구 장림 홍티_물과 물이 만나 마침내 하나가 되는 저 수평의 바다

"마을이 오목해서 홍티 아닌교." 김석찬(62) 선생은 전어잡이 배에서 만난 어부다. 홍티에서 육칠 대째 사는 홍티 토박이다. 홍티 홍은 무지개 홍(虹). 어째서 홍티냐고 묻자 대답이 시원시원하다. 육칠 대째 토박이다운 맛이 있다. 예전에 있던 세 마을 생김새가 오목한 무지개 꼴이라서 홍티라는 얘기다. 세 마을 중 두 마을은 철거되고 윗동네만 남았다고 한다.

홍티에선 보이는 게 무지개고 부르는 게 무지개다. 마을 이름이 무지개고 고개 이름이 무지개고 다리 이름이 무지개다. 매립되기 전 해안동굴 이름이 무지개고 하다못해 팔십년대 초반 근동에 들어선 공단 이름이 무지개다. 사람과 사람 사이에도 무지개가 걸쳐 있어 사람과 사람을 사촌으로 맺어 주고 팔촌으로 맺어 준다.

"외지인은 거의 없다고 봐야지요." 홍티사람 상당수가 토박이라고 김권철 어촌계장은 장담한다. 십몇 년 전까지는 텃세가 심해서 외지인이 못 들어왔고 지금은 고기잡이로는 하루 벌어 하루 사는 게 버거워서 못 들어온다고 한다. 이 사람도 저 사람도 몇 대째 토박이다 보니 모두가 사촌이고 팔촌이다. 어촌계장과는 사촌 같고 팔촌 같은 김석찬 선생은 이런 말도 덧붙인다. 홍티 남자는 '백 퍼센트' 다대초등 동창이라고.

홍티는 을숙도와 다대포 중간쯤 포구다. 그러니까 산에서 난 물과 바다에서 난 물이 만나는 포구다. 산물은 낙동강을 거쳐 홍티에 이르고 바닷물은 다대포를 거쳐 홍티에 이른다. 높은 곳 물이 낮은 곳 물과 합치는 포구. 얕은 곳 물이 깊은 곳 물과 합치는 포구. 높음과 낮음이 만나서 하나가 되고 얕음과 깊음이 만나서 하나가 되는 포구가 홍티다.

우리가 물이 되어 만난다면
가문 어느 집에선들 좋아하지 않으랴.
우리가 키 큰 나무와 함께 서서
우르르 우르르 비 오는 소리로 흐른다면.

흐르고 흘러서 저물녘엔

저 혼자 깊어지는 강물에 누워

죽은 나무뿌리를 적시기도 한다면.

아아, 아직 처녀인

부끄러운 바다에 닿는다면.

- 강은교 시 '우리가 물이 되어'에서

   나는 너를 만나 하나가 되고 우리가 된다. 평평해진다. 너는 나를 만나 하나가 되고 우리가 된다. 평평해진다. 하나가 되고 우리가 되어 평평해진다면 높고 낮음이 무엇이랴. 얕고 깊음이 무엇이랴. 둘러보면 아직도 만나지 못한 네가 있다. 돌아보면 아직도 만나지 못한 내가 있다. 나는 언제쯤 평평해질 것인가. 평평해져서 바다에 닿을 것인가.

   전어잡이 배가 정박한 곳은 홍티교 다리 밑. 배 두 척을 잇대어서 그물에 걸린 전어를 떼어 낸다. 작업하는 어부는 대략 열 명. 대개가 부부다. 새벽 세 시에 배 타고 나가 아침 여덟 시에 들어온다. 오늘 잡은 전어는 100킬로쯤. 잡은 고기는 다대포공판장에 위판하거나 활어차에 넘기고 그물에 걸려 죽은 전어는 집에 가져가거나 나눠 준다. 홍티 어촌계 배는 77척. 1톤 내외 자망어선이 대부분이다. 자망은 전어나 숭어처럼 떠다니는 고기를 잡는 그물이다.

전어작업 배에 올라탄다. 인심이 후하다. 전어도 썰어 내고 소주도 따라 준다. 아주머니 한 분이 뒤늦게 합류하는 어부를 보며 "외삼촌!" 인사를 한다. 하여튼 사촌이고 팔촌이다. 외삼촌 인사를 받은 어부는 후내년이면 여든이 되는 손두하 옹. 홍티 어부 연령대는 쉰에서 여든 가까이. 영감 죽고 홀로 살면서 고깃배 선주가 된 정병선 할머니는 내년에 일흔이다. 일흔 할머니가 직접 배를 타고 직접 그물을 던진다. 뱃일은 비린내 나고 멀미나는 일. 물려받아라 강요도 못하고 물려받겠다 나서지도 않는다. 홍티 지금 처지가 그렇다. 하루벌이 뱃일의 지금 처지가 그렇다.

"저기가 보이지요?" 김권철 어촌계장이 가리킨 곳은 다대포 방향 파도치는 바다. 백합조개가 쏠쏠히 잡혀 백합등이라 부르는 모래톱 너머 바다다. 파도에 떠밀려 온 모래가 쌓이면서 저 바다 수심이 낮아진단다. 수심이 낮아지면서 겨울철 김 작업 나간 배가 모래에 갇히기도 하고 '뒤바지기'라 해서 스크루가 모래에 닿아 뒤집히기도 한단다. 기름값 걱정에 줄어드는 고기 걱정에 배 뒤집히는 걱정에 어촌계장 주름이 홍티 앞바다 모래톱 주름만큼이나 진하다.

"잔잔해서 좋데요. 가족끼리 있기는 최곱니다." 앞바다 모래톱에서 배를 타고 막 건너온 최명율(46) 씨. 세 부부가 동반해 앞바다 모래톱에서 낚시를 하고 나온 참이다. 쿨러는 망둥어며 메가리며 보리멸이며 잡은 고기 얻은 고기로 그득하다. 초등학교 3학년 아들 지성이도 낚시꾼 티를 낸다. "내가 잡은 고기도 있어요."

홍티에서 잘 잡히는 어종은 얼마 전까진 꽃게. 웅어라는 물고기며 숭어 전어도 잘 잡힌다. 어촌계장은 바다에 대나무를 집어넣어 물고기 소리로 수조기를 잡던 호시절을 들추고 늦게 합류한 손 옹은 광어니 숭어니 황어니 이름난 고기는 다 잡아 봤다며 잘나가던 왕년을 들춘다. 이따만 한 민어도 잡았다며 양팔을 쫙 벌린다.

팔을 쫙 벌리니 포구가 다 좁다. 살아오면서 양팔을 벌린 날이 나는 몇 날 며칠이 될까. 나도 모르게 팔을 벌릴 정도로 벌렁거린 날이 며칠이나 될까. 이렇게 생각해 보면 생각보다 많은 것 같고 저렇게 생각해 보면 생각보다 적은 것 같다. 생각보다 많은 것도 생각보다 적은 것도 내가 받아들이기 나름. 이참에 나도 팔을 쫙 벌려 본다. "이따만 한 고기요?"

포구 양쪽은 둑이다. 둑 너머는 공단. 홍티에서는 공단이 파도라도 되는지 방파제 대신 둑이 공단을 가로막는다. 둑 언저리에는 컨테이너 박스가 널려 있다. 홍티 앞바다가 매립되고 마을이 철거되고 공단이 들어서면서 다대포로 이주한 어민들이 그물 통발 기름통 같은 어구를 넣어 두는 창고다. 집은 옮겨도 어구는 남긴 곳. 홍티는 고집이 센 포구다. 안방은 내줘도 가풍마저 내줄 수 없다는 결연한 고집 같은 포구다.

"한잔 더 하소." 여전히 포구의 배 위. 그물에서 떼어 내 갓 썬 전어 맛이 입 안에 돈다. 전어가 입 안에서 돌아다닌다. 술이 길어지고 말이 길어진다. 처음 말을 붙일 때는 투박하고 퉁명하던 뱃사람들이 전어도 자꾸 썰어 내고 술도 자꾸자꾸 따라 준다. 다음에 술 사 들고 오면 횟감은 무진장으로 내놓겠다며 호언이다. 나와 뱃사람 사이에 어느새 걸쳐진 무지개. 홍티는 홍티다.

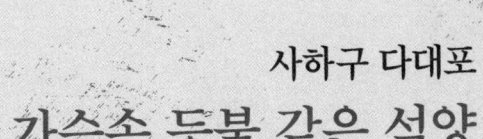

사하구 다대포
가슴속 등불 같은 석양

숨고 싶을 때가 있다.
구름에 가려 안개에 가려
자기를 지우고 싶을 때가 있다.
술을 이기지 못해 말을 함부로 뱉은 다음 날.
사람에게 상처를 준 다음 날.
아, 나는 얼마나 좁은가. 얼마나 좁쌀인가.
미안하다 미안하다 미안하다
진종일 되뇌어도 내가 용서되지 않는 날.
몰운에 이르러 나를 지운다.
아무런 죄도 없는 너를 지운다.

사하구 다대포_가슴속 등불 같은 석양

나무다리다. 나무에 나무를 잇댄 다리다. 나무에 나무를 잇대 수평선까지 밀고 갈 것 같은 다리다. 끝을 구부려 겨우 멈춘 다리. 다리는 보기만 해도 삐끗댄다. 잇댄 나무가 삐끗대서 삐끗대고 내가 삐끗대서 삐끗댄다.

다리를 떠받친 말뚝도 나무다. 굵기가 다르고 높이가 다른 나무말뚝이 나무다리를 떠받치고서 성큼성큼 나아간다. 말뚝 발목이 푹푹 빠진 자리는 게 구멍 숭숭숭 난 개펄. 게가 집적대서 말뚝이 삐끗대고 개펄이 물컹대서 말뚝이 삐끗댄다.

"게르친데요, 죽었어요." 끝을 구부린 다리 끝에는 초등학생 둘이 낚시한다. 릴을 낚아채는 동작이 노련하다. 중현

초등 3학년 한성표. 아이스백에 담긴 물고기는 달랑 게르치 한 마리지만 씨알이 좋고 통통하다. 다들 학원 가고 다들 게임하는 시간에 자연을 가까이 한다는 게 대견하다. 같이 낚시하는 학생은 아는 형. 한 마리도 잡지 못한 형이 사실은 낚시를 더 잘한다며 추켜세울 줄도 안다.

다리 이쪽은 원목 수입으로 명성이 자자한 성창기업. 야적장엔 온통 원목이다. 저 많은 원목을 어떻게 표현하면 좋을까. 속을 읽었는지 길안내 맡은 고교동기 반명규가 한마디 거든다. "통에 가득 담긴 이쑤시개 같네." 앓던 이가 빠진다. 문학에도 일가견이 있고 사진에도 일가견이 있는 친구다. 동아대 병원에 근무한다.

다리 바로 앞은 섬. 모자섬이다. 어머니와 아들이 아니고 머리에 쓰는 모자다. 포구에서 낚시점을 하는 박용찬(74) 선생은 큰 모자도 있고 작은 모자도 있다며 큰 섬 작은 섬을 가리킨다. 영판 모자다. 모자섬 너머는 몰운대. 구름이 끼고 안개가 끼면 잘 보이지 않는 섬 몰운대다. 몰운대도 처음에는 섬. 낙동강 흙과 모래가 떠내려 와 뭍과 이어진 섬이다.

사람도 잘 보이고 싶지 않을 때가 있다. 숨고 싶을 때가 있다. 구름에 가려 안개에 가려 자기를 지우고 싶을 때가 있다. 술을 이기지 못해 말을 함부로 뱉은 다음 날. 사람에게 상처를 준 다음 날. 아, 나는 얼마나 좁은가. 얼마나 좁쌀인가.

미안하다 미안하다 미안하다 진종일 되뇌어도 내가 용서되지 않는 날. 몰운에 이르러 나를 지운다. 아무런 죄도 없는 너를 지운다.

    해안선에 서 있어 보면 알지
    해안선은 바닷물 밀려와서 생기는 게 아니라
    바닷물 밀려가면서 생긴다는 걸
    밀려오는 힘으로 생기는 게 아니라
    힘 다 빠져 밀려가는 데가 해안의 끝이란 걸
    신발 밑창에 젖은 모래 묻어가며
    해안선을 따라서 걸어가 보면 알지
    밀려오는 바닷물이 있으면
    밀려가는 바닷물도 있다는 걸
    밀려오는 바닷물이 금방 덮칠 것 같아도
    밀려가는 바닷물과 마주쳐 누그러진다는 걸
    마음이 허해서 바다에 나가보면 알지
    알갱이 빠져나간 허한 조개껍질이 고운 건
    바닷물이 밀려오면서 쓸어주고
    밀려가면서 또 쓸어주기 때문이란 걸
    바닷물이 밀려와 해안선에서 밀려가듯
    약간 앞서서 밀려오거나

약간 뒤처져 밀려가는 게 다를 뿐

사람도 저마다 해안선을 품고 살지

안 좋은 일 꾸역꾸역 밀려와

그만 맥을 놓으려는 순간

끊어지기 직전까지 끌어당겨 탁 놓는

통고무줄 같은 해안선

반짝이는 바다로 티잉티잉 퉁겨내는

고래심줄 같은 해안선

저마다 가슴속에 품고 살지

- 동길산 시 '해안선'

"얼마나 애낀 아들인데." 낚시꾼을 상대로 해물을 파는 춘자 할머니. 애간장이 녹아내린 할머니다. 몇 년 전 낚시꾼을 태운 배 침몰로 일곱이 사망한 사고가 있었다. 사망자 한 명이 둘째 아들이다. 해물은 그때그때 다르다. 오늘은 자연산 문어. 문어 안주로 술판을 벌인 낚시꾼들이 춘자 할머니를 다독인다. 김해서 오고 보수동서 온 낚시꾼이 비좁은 평상 어깨에 어깨를 겹쳐 할머니를 위로한다.

춘자 할머니 바깥분은 낚시점 박 선생. 할머니는 술에 취해 감정에 취해 안으로 들어가고 박 선생이 문어를 삶아서 내온다. 주문진이 고향이고 열아홉부터 배를 탔으니 55년 뱃사람 이력이다. 명태잡이배 선장도 해 봤고 오징어잡이배 선장도 해 봤고 다대포 온 지는 35년. 동해 문어는 연하고 여기 문어는 야물다며 다대포 문어를 최고로 친다. 자식 잃은 부모는 다 같은 모양. 간간이 아들 얘기가 나온다. 속 깊고 인물 좋던 아들. 주름이 깊다. 가슴에 박힌 대못이 깊다.

파래 향기는 진하다. 친구 반명규 표현을 빌리자면 속이 쏴할 정도로 진하다. 파래 작업장은 낚시점 앞. 아주머니 아저씨 손놀림이 잽싸다. 사각 플라스틱 바구니마다 파란 파래가 넘친다. 바쁜 사람을 붙잡고선 염치불고 이것저것 캐묻는다. 파래철은 가을부터 4월까지. 다대포 파래는 부산 전역은 물론 대구 대전까지 올라가는 명품. 바닷물과 민물이 만나 그다지 짜지 않아서 좋고 수심 있어 뻘이 묻지 않아서 좋다. 작업장 앞 공터는 파래 경매장. 정오 무렵 경매하며 하루 백스무 바구니 정도가 나간다.

방파제는 길다. 나무다리만큼이나 길다. 방파제엔 온통 대나무 작대기. 파래가 닥지닥지 묻어 있다. 파래 양식에 쓰는 대나무란다. 양식장은 다대 앞바다. 앞바다엔 섬 몇이 보이고 저 멀리 수평선이 보인다. 나는 한 번도 가닿지 못한 수평선. 다가가면 다가간 만큼 물러나서 평생 가닿지 못할 수평선. 수평선은 어쩌면 한 번도 가닿지 못한 사랑의 변형이고 평생 가닿지 못할 사랑의 전형이다.

사랑아 사랑아. 백 번을 불러도 가닿지 못한 사랑아. 천 번을 불러도 가닿지 못한 사랑아. 사랑아 사랑아. 백 번을 불러도 가닿지 못할 사랑아. 천 번을 불러도 가닿지 못할 사랑아. 가닿지 못한 사랑도 내 허물. 가닿지 못할 사랑도 내 허물. 사랑할수록 내 허물을 들추는 사랑아.

다대(多大). 무엇이 많고 무엇이 큰가. 내 안 허물인가 내 바깥 허물인가. 나만 아는 허물인가 남도 아는 허물인가. 아는 듯 모르는 듯 시치미떼는 저 섬, 저 수평선. 을숙도 쪽에서 날아온 철새 무리가 일부는 섬에 내려앉고 일부는 수평선을 향해서 날아간다. 내 안 허물도 내 바깥 허물도 일부는 저 섬에 내려놓을 수 있다면 좀 좋을까. 일부는 저 수평선을 향해서 날려 보낼 수 있다면 좀 좋을까.

낚시꾼은 많기도 많다. 긴 방파제를 줄지어 나오는 게 군대행렬이다. 낚시 짐을 실은 손수레도 행렬이다. 낚시점 입구는 생선 굽는 냄새가 진동한다. 번개탄 석쇠에 놓인 생선은 낚시로 낚은 '부시리'와 고등어. 침이 꼴깍 넘어간다. 맛보란 말이 나올 때까지 침을 꼴깍꼴깍 넘긴다.

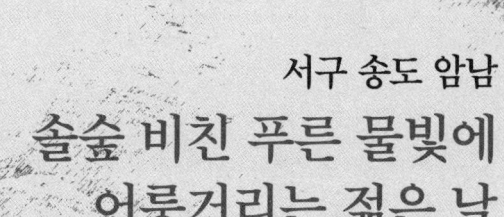

서구 송도 암남
솔숲 비친 푸른 물빛에
어룽거리는 젊은 날

길과 길이 엇갈리고 나와 내가 뒤섞인다. 앞날이 불안한 연인과 건너던 불안한 구름다리는 이제 콘크리트 다리가 되어 흔들어도 흔들어도 흔들리지 않는다. 불안하던 그때가 좋은가. 흔들어도 흔들리지 않는 지금이 좋은가.

서구 송도 암남_솔숲 비친 푸른 물빛에 어룽거리는 젊은 날

저게 무슨 샐까. 높다랗게 떠서 깨알만치 작아진 새. 쓸어 담으면 한 됫박은 되지 싶은 새가 행렬을 지어 날아간다. 행렬이 용하다. 일자모양 가지런히 날아가다가는 한가운데를 구부려 삿갓모양이 된다. 일자모양 삿갓모양 새 행렬이 천마산 너머에서 불쑥 나타났다가는 사라지고 바다 건너 영도 봉래산 너머에서 불쑥 나타났다가는 사라진다.

송도해수욕장 오른쪽 끝자락 포구 암남. 갈매기 서너 마리가 들어오는 배 나가는 배 꽁무니를 기웃거린다. 높다랗게 떠서 날아가는 새 행렬에는 끼일 염도 못 낼 갈매기다. 행렬 따위는 안중에도 없을 갈매기다. 배에서 활어를 퍼내자 그 소리를 어떻게 엿들었는지 갈매기가 또 기웃거린다.

"지금이 방어철 아닌교." 방금 퍼낸 활어는 방어. 뜰채 가득 담긴 활어가 파닥댄다. 선착장 정박한 배에서는 모자 눌러쓴 뱃사람이 소금 절인 생선을 토막토막 썬다. 선착장 시멘트 바닥 퍼질러 앉아 주낙채비를 차리는 뱃사람은 그게 '삼마'라는 고기란다. 꽁치 종류란다. 험한 일이라곤 안 해 봤을 선비상인데 손바닥은 온통 굳은살이다.

같이 퍼질러 앉아 얘기를 나눈다. 전남 여수 사람이고 직장을 다니다가 뱃사람이 된 지는 이십여 년이다. 포구 본래 자리는 송도해수욕장 입구 거북섬 근처. 도로가 넓어지고 매립되고 하면서 사오 년 전 이리로 옮겨왔다. 잘 잡히는 고기는 붕장어와 가자미. 같이 주낙채비를 하던 할머니가 이 대목에서 끼어든다. "가자미 좋은 게 있는데 사 갈라요?"

나무섬 형제섬 외섬 빙섬. 어디서들 잡느냐고 묻자 섬이 들쭉날쭉 나온다. 태종대 주전자섬을 여기에서는 빙섬이라고 부른다. 주낙바늘이 어림잡아도 일이백 개는 되고 그런 채비를 한 번 출조에 일고여덟 통씩 싣는다. 토막토막 썬 삼마를 바늘에 꿰어 붕장어도 잡고 가자미도 잡는다. 바늘마다 고기가 물리면 마릿수가 엄청나겠다는 공치사에 고개를 절레절레 흔든다.

"이것 다 잡히면 부자 되게요? 한 마리 안 잡힐 때도 많아요." 배는 새벽 서너 시 나가 오전에 들어온다. 고기를 잡을 때 따지는 것은 물때와 조류. 그것보다 더 따지는 것은 자리. 아무 자리나 고기가 있는 게 아니다. 좋은 자리를 찾아 더 일찍 나가고 더 멀리 나간다. 좋은 자리를 찾아도 파도가 세면 점찍은 곳에서 그물이 벗어나기도 하고 흉기를 들이대는 중국 철선에 쫓겨나기도 한다.

　물이 들어 수위가 높아진다. 퍼지고 앉은 자리와 가까워진다. 염려할 만큼 높지는 않지만 은근히 신경이 쓰인다. 어디까지 높아지려나. 뒤로 물러앉아야 하려나. 다행히 물은 발을 담그고 싶도록 맑다. 근처에 있던 하수처리장을 먼 곳으로 옮기고 나서 물이 맑아졌다고 한다. 여기 물이 맑은 만큼 저기 해수욕장 물도 맑다고 한다. 저만치 송도해수욕장이 보인다. 철이 아닌데도 백사장을 걷는 이가 제법 보인다.

　송도해수욕장. 어린 내 귀에 물을 채운 해수욕장이다. 그로 인해 귓병을 앓고 그로 인해 육사 진학을 접게 한 해수욕장이다. 바다 두려운 것을 맨 먼저 가르쳐 준 송도. 낚시를 해도 물에서 멀찍이 떨어져 한다. 그러나 탓할 일만은 아니다. 나이 서른 무렵부터 사람으로 인해 귀에 물이 차는 것을 삼가고 서른 무렵부터 사람으로 인해 허우적대는 것을 꺼렸으니 그것만 해도 어딘가.

　나를 군인 대신에 시인이 되게 한 해수욕장 송도. 바닥을 보이지 않는 사람에게서 멀찍이 떨어지게 한 해수욕장 송도. 내가 걸은 길과 걸을 뻔한 길을 본다. 지금 나와 나일 뻔한 나를 본다. 길과 길이 엇갈리고 나와 내가 뒤섞인다. 앞날이 불안한 연인과 건너던 불안한 구름다리는 이제 콘크리트 다리가 되어 흔들어도 흔들어도 흔들리지 않는다. 불안하던 그때가 좋은가. 흔들어도 흔들리지 않는 지금이 좋은가.

> 오랜 기억의 흔적을 따라
> 송도 끼고 감천 가는 길
> 해풍에 가슴 열고
> 기다림 풀어 출렁이는 곳
> 여기는 옛 혈청소 모짓개 자리
> 태공은 낚대 드리워 꿈을 낚는데
> 솔숲 푸른 바다의 향기
> 파도치는 젊은 날의 열정
> 떠나도 떠날 수 없는 물빛
> 신기루 같은 남녘 바다여
>
> - 손화영 시 '암남공원'

암남공원은 포구에서 해안 산책로를 따라가면 나온다. 공원 입구에 동물들을 검역하는 검역소가 있다. 이전에는 혈청을 검사하는 곳이라 해서 혈청소라 불렀다. 부근 마을을 모짓개 또는 모지포라 부른다. 내가 다닌 중학교는 송도. 학교에서 모짓개까지는 차로 십 분 거리다. 빡빡머리 그 시절을 어디에서 찾으랴. 떠나도 떠나지 않은 물빛이 푸르다. 푸른 바다 푸른 물빛이 가슴을 출렁인다.

"백 프로 자연산 보장!" 삼마를 써는 뱃사람 안주인은 연세가 일흔인 김우강 할머니. 부부가 뱃일을 함께한다. 이름을 한사코 밝히지 않으려다가 자연산에 의문을 품자 그제서야 밝힌다. 이름을 내걸고 여기 고기는 모두 푸른 바다 푸른 물빛이 키운 자연산임을 보장한다. 첫 번째 천막횟집 강씨 아주머니도 마찬가지다. 당일 잡은 고기라 맛이 보통 자연산과는 다르단다. 수족관은 따로 없어 손님이 찾으면 배 물칸에서 꺼내 온다. 이날 잡은 고기는 방어와 쥐고기. 한 접시에 만오천 원이다. 밑반찬은 따로 없다. 깻잎과 고추 마늘 초장 정도다.

'감척만이 살 길이다 특별감척 실시하라.' 천막횟집에서 황부복 어촌계장에게 감척을 요구하는 현수막에 대해서 묻는다. 뱃사람 연령이 많고 배가 노후되고 뱃일 여건 역시 안 좋으니 샀다 안 샀다 하지 말고 꾸준하게 배를 사 들이라는 요구다. 잡은 고기를 직접 팔도록 허가해 주기도 바란다. 포구에는 잡은 고기를 직접 파는 천막횟집이 세 집. 처음 집이 강씨 집이고 둘째가 해녀 여섯 명이 같이하는 해산물집, 그리고 형편이 딱해 주변에서 돌봐 준다는 셋째집이다.

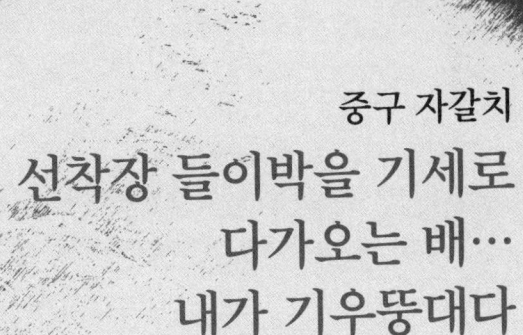

중구 자갈치

선착장 들이박을 기세로
다가오는 배…
내가 기우뚱대다

나를 흡입하던 그 시기 자갈치. 노점 헌책방에서 책을
사 모았고 장어 굽는 냄새에 혹해 어서 어른이 되고
싶었던 그 시기의 나여. 그래서일까. 사 모은 책이
고교 때 이미 기백권이 되었고 고교 때 이미 술집을
기웃거렸으니 자갈치는 나를 살찌운 원기소이면서
나를 자빠뜨린 술독이라고 해야 할는지.

중구 자갈치_선착장 들이박을 기세로 다가오는 배⋯
　　　　　　　내가 기우뚱대다

자갈치는 비릿하다. 비릿한 생선내가 자갈치다. 한 걸음 내디딜 때마다 비린내가 앞을 가로막고 한 걸음 내디딜 때마다 비린내가 뒤따라온다. 비린내를 헤쳐 나가는 일도 비린내를 돌아보는 일도 처음에는 쉽지 않다.

처음에는 쉽지 않은 곳, 자갈치. 자갈치에 몸을 들이미는 일은 비린내에 몸을 들이미는 일이다. 비린내에 나를 가두는 일이다. 비린내에 나를 들이미는 일도 비린내에 나를 가두는 일도 처음에는 쉽지 않다.

자갈치에 나를 들이밀면 나를 가두면 자갈치에서 벗어나는 일도 쉽지 않다. 나와는 다르게 받아들여지던 비린내는 어느 순간 와해된다. 어느 순간 나와 동화되고 어느 순간 나

스스로 비린내가 된다. 그리고 어느 순간, 비린내는 사라지고 비로소 자갈치가 보인다.

자갈치 한가운데 서서 심호흡을 하는 저 사람, 오랜만에 자갈치를 찾은 사람이다. 자갈치를 더디게 걷는 저 사람, 오랜만에 자갈치를 찾은 사람이다. 모두들 비린내가 그리워서 자갈치를 찾은 사람이다. 비린내가 되고 싶어서, 자갈치가 되고 싶어서 자갈치를 찾은 사람이다.

누구는 자갈치에서 없이 살던 시절을 추억한다. 누구는 불꽃같던 시절을 추억하고 멀리 떠나고 싶던 시절을 추억한다. 누구는 잃어버린 시절을 추억한다. 자갈치가 버텨 온 힘은 자갈치를 감싸는 비린내이기도 하지만 자갈치에 감싸인 추억이기도 하다.

추억이 빠져나간 자갈치는 자갈치다운 자갈치가 아니다. 되돌아볼 추억이 빠져나간 자갈치는 자갈치로 부를 만한 자갈치가 아니다. 생각해 보라. 추억이 빠져나간 공간의 그 허전함. 소중하다고 여겼던 가치가 빠져나간 상실감.

생각해 보라. 추억이 묻어 있는 공간을. 그 공간을 함께했던 사람을. 그 사람과 함께했던 다시는 되돌릴 수 없는 시간을. 나이가 들어도 나이에 매몰되지 않고 지탱할 수 있는 건 붙잡을 수 있는 공간이 있기 때문이다. 그런 의미에서 공간은 기둥이다.

공간은 기둥이다. 사람이 붙잡는 공간이고 사람 추억이 붙잡는 공간이다. 기둥이 없는 삶은 얼마나 불안한가. 얼마나 아슬한가. 기둥은 걸림이기도 하지만 안식이기도 하다. 기둥은 막힘이기도 하지만 은신이기도 하다.

자갈치를 두고 누구나 한마디씩 한다. 생선을 이야기하는 사람, 생선 파는 사람을 이야기하는 사람, 그리고 생선 파는 노점을 이야기하는 사람. 각각의 이야기는 달라도 각각의 이야기 그 뿌리는 같다. 한 묶음이다.

그렇다. 생선도, 생선 파는 사람도, 생선 파는 노점도 한 묶음이다. 나누어 생각할 수 없다. 그들이 모여서 자갈치가 되고 그들이 모여서 자갈치는 완성된다. 그들이 한 묶음이 되는 과정, 그게 자갈치다.

한반도 남단 한적한 갯가 자갈치는 광복과 한국동란을 거치면서 떠들썩한 자갈치가 된다. 시장이 떠들썩해지고 명성이 떠들썩해진다. 광복을 맞아 일본이니 동남아니 각지에서 돌아온 귀환동포들이 남포동 바닷가에 전을 펼쳤고 전쟁 피란동포들이 또 전을 펼치면서 영도다리와 함께 애환의 현장이 된다.

자갈치를 밟으며 어찌 살까 하루를/울면서 헤매던 지난날들/입술을 깨물면서 뱃고동을 반평생/부산의 자갈치 아지매/싱싱한

아침햇살 저무는 저녁노을/어서어서 오이소 웃음으로 반기는/부산의 자갈치 아지매

- 김상국 노래 '자갈치 아지매' 1절

가사에서 보듯 광복과 전쟁기 자갈치는 생존의 현장이다. 하루하루가 막막한 이들이 일거리와 끼니거리를 찾아 헤매던 모색의 현장이다. 헤매던 자리 그대로 퍼지고 앉아 전을 벌인 게 자갈치 장사치고 자갈치 '아지매'다.

자갈치는 지금 교체 중이다. 뱃고동 들으며 반평생을 보낸 자갈치 아지매 1세대는 이미 2세대로 교체되었고 2세대는 3세대로 교체되는 중이다. 아직도 자갈치 현장을 고수하는 2세대가 적지 않지만 며느리나 딸이 2세대가 벌였던 전을 물려받는 추세다. 말 그대로 가업이다.

도시철도 자갈치역에서 내려 수협 쪽으로 들어선다. 한양정식이니 진주식당이니 오복식당, 할매집 하는 간판이 보인다. 밥집들이다. 녹록치 않은 간판에서 이들 밥집이 녹록치 않은 밥집임을 짐작한다. 새벽 세 시부터 저녁 아홉 시까지 문을 여는 이 밥집들 메뉴는 단 두 가지. 정식과 비빔밥이다. 많이 나가기는 정식이 많이 나간다.

정식을 시키면 고등어구이가 반드시 나온다. 국도 두 종. 시래기 국과 된장국이 반드시 나온다. 밥은 고봉 수북하

고 반찬도 수북하다. 무엇보다도 싸다. 4천원! 나는 이 밥집들을 보면 편안해진다. 어릴 때 살던 집을 보는 기분이다. 세상이 다 변해도 이 밥집들만큼은 두고두고 건재하기를 바란다. 자갈치를 지키는 밥집이 되어 자갈치와 함께 고봉 수북하기를 바란다.

밥집에서 길 하나를 건너면 오른쪽 곡각지대 너른 공터가 있다. 물양장이다. 수산물을 부리는 곳이다. 빈 생선상자가 물양장 양편 쌓여 있다. 물양장에서 부린 수산물이 인근 어시장으로 공판장으로 나가고 다시 자갈치를 비롯해서 전국 각지로 나간다. 자갈치가 전국적인 시장이 된 데는 물양장 공이 크다. 물양장이 들어서면서 이 일대는 우리나라 으뜸의 연근해 수산물 집산지이자 활어시장 꼴을 갖춘다. 자갈치 1등 공신은 물양장이라 해도 과언이 아니다.

물양장은 1930년대 이 일대 해안매립공사 산물이다. 일제는 1천 톤급 배가 접안하는 항구를 만들고 아울러 일본인 거류지를 넓히려는 계산으로 매립공사를 펼친다. 순전히 일본을 위해 일본인을 위해 1930년 남부민동 방파제를 축조하고 남포동 해안을 매축한다. 9년간 이어진 이 공사로 충무동 아랫길에서 남포동 일대 15만 평에 이르는 매립지가 생긴다.

충무동에서 송도로 가는 아랫길은 이때 생긴다. 송도

아랫길에 있던 해양고등학교 뒤쪽 절벽이 산의 절벽이 아니라 해안의 절벽인 것도 그런 연유다. 매립공사를 거쳐 지금과 같은 남포동 시가지가 생기고 접안시설, 물양장이 생기면서 자갈치는 통 크게 발전한다. 제빙회사와 냉동시설, 공동어시장, 생선시장, 건어물시장이 들어서고 크고작은 어선이 몰려든다. 광복 이듬해인 1946년 10월 충무동 해안통 주변 생선 상인들이 생어상조합이란 임의단체를 결성한다.

　물양장을 빠져나가면 남부민동 새벽시장과 맞닥뜨린다. 자갈치를 관할하는 관청인 부산 중구청 홈페이지에 들어가 보면 자갈치는 새벽시장에서 영도대교 아래 건어물시장까지를 이른다. 곧 새벽시장이 자갈치 처음이고 끝이다.

　새벽시장에서 되돌아 물양장 곡각지를 돌아서면 자갈치 명물이 나온다. 자갈치 명물은 포장마차라고 할지 리어카라고 할지 네 군데 선술집. 주머니 가볍던 이십 대 초중반 단골이었고 그 훨씬 이전에도 있었으니 자갈치 터줏대감이기도 하다. 돼지껍데기와 감자탕, 선짓국이 전문이다. 차가 다니지 못할 정도로 큰 눈이 몰아쳤던 어느 해 3월 그날도 여기 목조의자에 앉아서 눈을 맞아 가며 소주잔 비운 기억이 난다. 잊은 줄 안 기억인데 새삼 또렷하게 떠오르는 것! 그게 공간의 힘이고 추억의 힘이다.

　생갈치 노점에선 흥정이 한창이다. 세 마리 만 원에서

네 마리 만원으로 낙착된다. "기분이다!" 누이 좋고 매부 좋다. 갈치 대가리 쪽으로 내장을 끄집어내고선 토막을 낸다. 순식간이다. 칼질이 예사 솜씨가 아니다. 자갈치 아지매 이력은 칼질 이력이기도 하다. 스스로를 내세우지 않아서 그렇지 달인이라면 모두가 달인이고 명인이라면 모두가 명인이다.

이 언저리에서 빨간고기였지 싶은 생선을 떨이로 산 적이 있다. 오래전 일이다. 대학 다닐 때였으니 삼십 년 전 일이다. 내 돈으로 집에서 먹을 생선을 살 만큼 주머니가 넉넉했으니 아마 아르바이트 뒤끝이었나 보다. 어머니는 생전 그런 내가 기특했던지 잊을 만하면 생선 얘기를 꺼내어 계면쩍던 기억이 난다. 자갈치는 실제이기도 하면서 기억이기도 하다. 현재이기도 하면서 과거이기도 하다. 그래서 자갈치를 기웃거리며 술에 취하고 감정에 취한다.

새로 지은 건물이 '삐까번쩍'하다. 지하 2층 지상7층! 자갈치 현대화 결정판이다. 건물 뒤 수변공원에 서서 천마산을 본다. 어두워 능선만 겨우 보이는 저 산 끄트머리 내가 다니던 중학교가 있다. 송도에 가까워 해수욕장 청소는 도맡아 했지만 자갈치 나들이는 자주 할 수 있었다. 사흘씩 끌던 월말고사 마지막날 홀가분한 기분으로 자갈치를 둘러보곤 했다.

세상에 이런 곳도 있구나, 나를 흡입하던 그 시기 자갈치. 노점 헌책방에서 책을 사 모았고 장어 굽는 냄새에 혹해서 어른이 되고 싶었던 그 시기의 나여. 그래서일까. 사 모은 책이 고교 때 이미 기백 권이 되었고 고교 때 이미 술집을 기웃거렸으니 자갈치는 나를 살찌운 원기소이면서 나를 자빠뜨린 술독이라고 해야 할는지.

밤이 깊어진다. 한 잔 두 잔 마신 술이 깊어진다. 행인들 걷는 소리마저 깊게 들리는 밤. 자갈치를 비추는 등불, 따뜻하다. 등불에 비친 자갈치, 따뜻하다. 나를 등불에 비벼 대리라. 나를 따뜻하게 하리라. 영도다리 쪽에서 배 한 척이 선착장을 들이박을 기세로 다가온다. 배의 기세 탓인지 술의 기세 탓인지 내가 기우뚱댄다. 자갈치가 기우뚱댄다.

북구 구포
갈대가 연신 까닥대며
새를 유혹하다

잡도 안 잡히는 장강을 흰 새는 흰 새끼리, 까만 새는 까만 새끼리
유유히 몰려다닌다. 전망대 오른쪽에 보이는 모래톱에선
갈대가 연신 까닥대며 새들을 유혹한다.
하지만 역부족이다. 갈대야 까닥대건 말건 새들은 제 갈 길만
간다. 제 갈 길을 가다간 한순간 노을 안으로 빨려든다.

북구 구포_갈대가 연신 까닥대며 새를 유혹하다

강이 풀리면 배가 오겠지

배가 오면은 님도 탔겠지

님은 안 타도 편지야 탔겠지

오늘도 강가에서 기다리다 가노라

님이 오시면 이 설움도 풀리지

동지섣달에 얼었던 강물도

제멋에 녹는데 왜 아니 풀릴까

오늘도 강가서 기다리다 가노라

- 김동환 시 '강이 풀리면'

내가 선 곳은 도시철도 구포역 전망대. 낙동강이 훤하게 내려다보이는 전망이 장관이다. 곧 봄이건만 녹다 만 얼음덩이가 강물 군데군데 떠다닌다. 구십몇 년 만에 닥쳤다는 지난겨울 한파가 그만큼 모질었던 탓이다. 얼음덩이는 젖어서 너절해진 편지지처럼 보인다. 젖은 편지지를 흰 새는 흰 새끼리 몰려다니면서 집적이고 까만 새는 까만 새끼리 몰려다니면서 집적인다.

구포는 나루터가 있던 곳. 나룻배가 드나들던 선창이 구포 나루터다. 경북 상주 낙동진 나루터, 합천 밤마리 나루터와 함께 낙동강 3대 나루터로 꼽힌다. 3대 나루터 명성을 얻는 건 구포 조창 덕분이다. 조창은 조세로 거둔 곡물 따위를 보관하던 창고. 인근 지방에서 거둬들인 조공품을 실은 배가 운집하면서 구포 세력이 커진다. 구포 조창은 구포 옛 지명 감동(甘同)을 따 감동창이라 불렀다. 낙동강 가장 남쪽에 있어서 남창이라고 부른 조창도 있었다.

구포에 조창이 들어선 것은 17세기. 조선시대 초부터 강을 이용한 수운, 조운제가 중시됐지만 임진왜란, 병자호란을 거치면서 상당 부분 마비된다. 이후 수운제를 강력하게 복원하면서 낙동강 하류 구포에 조창이 선다. 구포 조창에 모인 조공품은 상주 나루터에서 육로로 옮겨져 문경 새재, 충주 가흥창을 지나 다시 배편으로 남한강을 따라 서울에 당도했다.

구포는 낙동강 물목. 낙동강 처음이자 끝이다. 바다와

도 가깝다. 지리적으로도 물목이었고 경제적으론 더 물목이었다. 그래서 나루터엔 배가 넘치고 배를 타고 온 사람이 넘치고 배가 싣고 온 공물이 넘쳤다. 넘치던 공물은 주로 곡물, 목재, 시탄, 생선, 소금. 장꾼도 넘쳐 상권이 일찍 발달했다. 시탄(柴炭)은 땔감으로 쓰는 나무, 숯, 석탄 따위를 말한다.

구포는 요즘 말로 물류 중심지였다. 부산과 경남 상권을 휘어잡던 객주가 성하던 곳이 구포였으며 한국 최초 현대식 은행을 연 곳이 구포였다. 1930년대 정미업이 번창했던 곳도 구포다. 이 모두는 구포에 조창이 있어서 가능했으며 이 모두는 구포에 다리가 놓이기 전 이야기다.

'낙동강 칠백 리에 배다리 놓아 놓고/물결 따라 흐르는 행렬 진 돛단배에/봄바람 살랑살랑 휘날리는 옷자락/구포장 선창가에 갈매기도 춤추네.' '구포 선창노래' 1절이다. 배와 나루터 사이에 나무다리를 걸치고 짐을 나르던 부역자인 역부들이 애창했다는 노래다.

구포에 다리가 놓인 것은 1933년. 일제강점기다. 영도다리가 놓인 것이 이듬해인 1934년이니 시기적으로 연관성이 있다. 일제가 다리를 놓은 이유는 불문가지. 수탈을 효율적으로 하기 위해서다. 해로나 수로보다 육로가 수송이 수월한 까닭이다. 육로가 트이면서 조선천지 나루터는 존재 기반이 흔들렸고 구포 나루터도 예외가 아니었다.

구포다리는 그때까지의 세상을 뒤흔들었다. 그때까지의 세상 돌아가는 틀을 뒤흔들었다. 강이 풀리기를 기다리지 않아도 되었고 굳이 배를 타지 않아도 되었다. 걸어서 강을 건넜고 차에 싣고서 물품을 날랐다. 길다고 해서 '낙동장교'라 불리던 구포다리. 다리가 놓인 뒤에도 명맥을 근근이 이어 가던 나룻배는 1980년대 중반 자취를 감춘다. 나루터는 흔적만 있다가 2005년 도시철도 3호선 구포역이 들어서면서 그마저도 지워졌다.

구포역 3번 출구로 나오면 강변 산책로. 여기가 나루터 자리다. 산책로를 따라 100미터 정도 나아가면 안내판이 보인다. '낙동강의 물목, 구포다리 옛 모습' 사진을 담은 안내판이다. 행인들이 다리 한가운데를 걸어가는 30년대 사진이 보이고 태풍 매미로 상판과 교각이 떠내려간 2003년 사진이 보인다. 다리를 철거하는 사진도 보인다. 70년 세월을 견뎌 낸 구포다리는 2007년 철거되고 더 넓고 더 높은 구포대교가 강 이쪽과 저쪽을 지금 이어 준다.

안내판 뒤쪽 계단으로 올라가면 '구포장터 3·1운동 기념비'가 근엄하다. 지역주민과 장꾼, 농민, 부역자 등이 인근 구포장에서 들고일어났던 독립운동을 기리는 기념비다. 기념비는 지하철 역사가 들어서기 전까지 둑길이던 자리에 있다. 둑길엔 노약자와 실업자 차지였던 벤치가 있었고 벤치 근처 좌판을 깔고 신수를 봐 주던 점쟁이들이 있었다. 벤치도 사라지고 점쟁이들도 사라졌지만 벤치에 앉아 바라보던 노을은 그때나 지금이나 변함이 없다. 변함없이 낙동강을 비춘다.

> 해는 내 위에 떠 있고
> 나는 해 아래 누워 있다
> 눈이 부시다
> 생각해 보면
> 나에게 눈부신 날
> 몇 날 있었을까
> 운세가 햇살처럼 퍼져
> 하는 일마다 반짝인 날
> 있기는 있었을까
> 해는 내 위에 떠 있고
> 나는 해 아래 누워
> 눈이 부시다
> 잠깐잠깐 눈감는 사이
> 뜨뜻한 눈물
>
> - 동길산 시 '실직'

둑길을 내려가면 강변. 강변에서 장어를 구워 팔던 뗏

목이 생각난다. 천막을 빙 둘러쳐 방갈로같이 아늑했던 뗏목이다. 손님이 넘치면 둔덕에 술상을 차리기도 했다. 둔덕에 앉아 김해 대동으로 오가는 나룻배를 보며 술에 젖고 강바람에 젖던 내 젊은 날. 강이 풀려도 오지 않는 임을 야속해 하며 오지 않는 편지를 야속해 하며 낙동강 노을에 빨려들던 젊은 날이다.

반가운 소식이 들린다. 지자체에서 구포 나루터를 복원한다는 소식이다. 북구는 나루터에 선착장과 계류장을 만들고 나룻배도 띄워 이 일대를 관광벨트로 이을 예정이다. 구포역과 시장, 화명동 강변공원과 수목원이 벨트 안에 들어간다. 생태와 전통, 문화의 복원에 거는 기대가 크다. 구포 나루터 복원은 우리 것의 복원임과 동시에 우리 앞 세대와 우리 세대가 숙고하지 않고 내팽개친 가치의 복원이다.

다시 구포역 전망대. 낮에는 강물 보고 밤에는 별을 본다는 전망대다. 군데군데 강물이 얼어도 장강은 장강이다. 폭도 감이 안 잡히고 깊이도 감이 안 잡힌다. 감도 안 잡히는 장강을 흰 새는 흰 새끼리, 까만 새는 까만 새끼리 유유히 몰려다닌다. 전망대 오른쪽에 보이는 모래톱에선 갈대가 연신 까닥대며 새들을 유혹한다. 하지만 역부족이다. 갈대야 까닥대건 말건 새들은 제 갈 길만 간다. 제 갈 길을 가다간 한순간 노을 안으로 빨려든다.

영도구 하리포구

조개껍질 같이 날카로운, 산과 섬 사이 포구

다 바뀔 때 바뀌지 않는 것 하나쯤. 소중한 것은 또 있다.
어제 다르고 오늘 달라도 오랜 세월을 두고 보면 그때 그대로인
구름 같고 하늘 같은 것. 가지는 흔들려도 뿌리는 끄덕도 않는
듬직한 나무 같은 것. 그래도 다른 것은 있게 마련이다.

영도구 하리포구_조개껍질 같이 날카로운, 산과 섬 사이 포구

동삼동 패총전시관. 바다가 보이는 박물관이다. 바닷물이 들락대는 야외스탠드는 학습장 겸용. 꼬맹이서 초등학생 둘씩 셋씩 쪼그려 앉아 야외체험학습 중이다. 학습내용은 돌로 쪼아 조개껍질에 구멍을 내는 것. 눈구멍 콧구멍을 내고 가면을 만드는 것. 어디서 왔느냐고 두세 번을 물어도 아이들은 조개껍질에 빠뜨린 코를 들지 않는다.

"언제 또 해요?" 동삼초등 4학년 정효주 이현지. 재미를 붙인 두 아이가 전시관 선생님에게 또 하자고 보챈다. 조개구멍에 실을 꿰어 만든 목걸이가 앙증맞다. 효주가 오늘 만든 조개목걸이는 셋. 팔찌도 있다. 목걸이 하나는 사촌남동생에게 줄 생각이다. 참가한 아이는 다시 참가할 수 없다는 선

생님 말씀은 들은 체 만 체다. 두 번이고 세 번이고 참가할 눈치다.

패총은 조개껍질 무덤. 한동안 조개껍질로 덮은 사람 무덤인 줄 알았다. 내다 버린 조개껍질이 겹겹이 무덤처럼 쌓여 패총인 걸 대학생이 돼서야 알았다. 나도 참 어지간하다. 동삼동 패총전시관은 여기서 발굴된 패총이 남다르다 해서 지어진 박물관. 전시관 정원 같은 잔디밭이 패총이 발굴된 자리고 바로 앞이 하리 포구다.

잔디밭에 드러눕는다. 8천년이나 되었다는 동삼동 패총. 조개가 겹겹이 덮고 덮은 8천년 역사에 드러눕는다. 구름 사이로 가을하늘이 비친다. 반만년을 훨씬 웃도는 그때도 하늘을 가렸을 구름. 그때도 구름 사이로 보였을 하늘. 구름을 물들이는 석양 빛깔인들 그때와 별다르리. 멀리 해운대 장산 꼭대기가 보인다. 장산 꼭대기인들 그때와 별다르리.

둘러보면 세상 모든 건 두 가지다. 다른 것과 다르지 않는 것. 바뀌는 것과 바뀌지 않는 것. 무엇이 좋다 나쁘달 수는 없지만 소중한 것은 있다. 다 다를 때 다르지 않는 것 하나쯤. 다 바뀔 때 바뀌지 않는 것 하나쯤. 소중한 것은 또 있다. 어제 다르고 오늘 달라도 오랜 세월을 두고 보면 그때 그대로인 구름 같고 하늘 같은 것. 가지는 흔들려도 뿌리는 끄덕도 않는

듬직한 나무 같은 것. 그래도 다른 것은 있게 마련이다.

"바다 색깔이 다르지요." 전시관 최정혜 학예연구사는 바다 색깔을 보고 계절이 바뀌는 것을 안다. 언제 또 하느냐고 두 아이가 보챈 선생님이다. 가을 이맘때면 바다 색깔이 깊다. 부산박물관에서 이리로 옮긴 지 1년. 하리포구 봄가을 알고 아침저녁을 안다. 하리포구는 아침에 활력이 넘친다. 배가 들어오고 뱃소리가 들어오고 들어오는 배를 따라서 갈매기가 들어온다. 아침만 활기차랴. 저물녘은 저물녘대로 활기가 넘친다.

"두 마리 만 오천 원, 떠리미!" 한국해양대 방파제에서 건너온 낚시꾼에다 대고 포구 방파제 성일이 엄마는 '떠리미'를 강단지게 외친다. 붕장어도 있고 우럭도 있고 세발낙지도 있다. 떠리미가 된 것은 문어. 동삼초등 동창 남편과 새벽 세 시 배 타고 나가서 잡아온 문어다. 안 팔리면 만 원에 주겠다고 말이 되어 있었는데 덜렁 팔린다. 약간은 미안한지 뒷말이 화끈하다. "다음에 오면 세 마리 만 원에 줄게."

방파제에 걸터앉아 붕장어 회를 먹는다. 회가 입에서 녹는다. 그날그날 잡은 거라 입에서 녹고 센 '물빨'로 육질이 딴딴해 입에서 녹는다. '도꾸이'들이 김해서도 오고 양산서도 온다. 뱃일은 하루 서너 시간. 미리 놓아둔 그물에 이상이 없으면 그렇고 그물이 찢어졌거나 무슨 사고가 생기면 서너 시간은 턱도 없다. 물빨이란 말도 그렇고 도꾸이란 말도 그렇고 포구 내음이 진득하다.

영도엔 포구 내음이 진득한 사람이 많다. 토박이가 많은 것이다. 남자도 그렇고 여자도 그렇다. 뱃일 하는 성일이 엄마도 그렇고 포구 초입 등대회센타 여주인 김현숙(44) 씨도 그렇다. 트인 바다를 보는 섬에서 나고 자란 영도사람은 영도 밖이 갑갑해 영도를 좀체 떠나지 않는다. 영도에서 사람을 만나고 영도에서 평생을 보낸다. 동삼동 패총은 그런 영도사람들 흔적이다. 토박이의 토박이 흔적이다.

"거칠기는 하지만 따뜻해요." 김현숙 씨가 말하는 영도사람 기질이다. 영도사람은 거칠다. 거친 바다 탓이고 거친 뱃일 탓이다. 거친 만큼 화끈하다. 좀생이 짓은 하지 않는다. 도 아니면 모다. 아무나 '니 내' 하는 토박이답게 정이 도탑다. 김장김치는 너 나 없이 나눠 먹고 이웃이 힘든 일을 당하면 너도 나도 모여든다. 거기다 대면 나는 잔망스럽다. 왜 나는 이것도 아니고 저것도 아닌가. 맨날 뒷짐을 진 채 얼쩡대는가.

그녀는 부산 영도사람이다. 영도 안에서도 영도사람이고 영도 밖에서도 영도사람이다. 보고 또 보고, 가도 또 가도 언제나 영도에 목멘다. 안과 밖에서 서로를 바라보고 영도는 그녀 안에 허물어지지 않는 성(城)이 된다.

- 심득순 수필 '그녀'에서

    영도사람은 어딜 가도 영도사람이다. 영도에 살아도 영도사람이고 다른 곳에 살아도 영도사람이다. 영도사람은 무얼 해도 영도사람이다. 바닷일로 먹고살아도 영도사람이고 다른 일로 먹고살아도 영도사람이다. 내가 누구인 줄도 모르고, 내가 무엇을 하는 줄도 모르고 하루하루 살아가는 사람살이. 그런 사람살이를 몰아내듯 포구 바람이 분다. 거칠게 분다.

    해가 넘어간다. 해양대가 있는 아치섬에서 떠올랐을 해가 봉래산 너머로 넘어간다. 섬과 산 사이에 있는 포구 하리. 섬도 날카롭고 산도 날카롭고 깨진 조개껍질처럼 포구도 날카롭다. 손을 대면 베일 것 같다. 이래도 좋고 저래도 좋은 것도 좋지만 날카로워야 할 때는 날카로워지라고 일러 주는 포구 하리. 두루두루 좋다고 해서 능사만은 아니라고 일러 주는 포구 끝자락에 나를 세워 두는 게 두렵기도 하고 시원하기도 하다. 바람은 여전히 거칠다.

남구 감만시민부두
호롱불 같은 등대가 밝히는
부산항 들목

내 젊은 날에도 저런 등불이 앞뒤로 커져 있었으면
좋았을 텐데. 사랑을 알기 이전과 사랑으로
아프던 그 시절, 나를 인도하던 등불이 환하게
커져 있었으면 정말이지 좋았을 텐데.

남구 감만시민부두_호롱불 같은 등대가 밝히는 부산항 들목

길고 길다. 휘어지고 휘어져 끝이 보이지 않는다. 끝이 보이지 않는 아득한 길. 이런 길을 걸어 본 지가 언제였나. 아득하다. 사랑을 알기 이전 걸어 본 길 같고 사랑으로 아프던 시절 걸어 본 길 같다. 감만시민부두 방파제 길은 아득한 세월 저쪽을 떠올리게 한다. 사랑을 알기 이전 또는 사랑으로 아프던 아득한 세월 저쪽.

아득한 세월 저쪽 나는 어떤 모습이었을까. 사랑을 알기 전에는 사랑에 빠지고 싶었고 사랑으로 아프던 때에는 사랑에서 벗어나고 싶었던 그 시절. 사랑에 빠지고 싶어서 길을 걸었고 사랑에서 벗어나고 싶어서 길을 걸었다. 어느 순간 길을 버렸고 그러면서 나는 어른이 되었다. 어른의 길로 들어섰다.

어른이 되기 이전 모습이 궁금한 그대. 감만시민부두 방파제를 걸어 보라. 아득한 세월 저 쪽에서 작은 일에도 쉬 웃고 쉬 훌쩍이던 순하고 여린 내가 방파제 끝에서 서성이고 있으려니. 사랑을 처음 알던 그 무렵 작은 일에도 쉬 들뜨고 쉬 토라지던 선하고 앳된 내가 방파제 끝에서 얼굴 붉히고 있으려니.

감만시민부두는 방파제가 길고 긴 포구다. 남구 감만1동에 있다. 버스는 다니지 않는다. 부산역 방면에서 가려면 감만·우암동 쪽으로 방향을 잡아야 한다. 연합철강 후신인 유니온스틸 담벼락에서 우회전. 감만부두가 보이면 또 우회전. 가다 보면 팔각정 2층 정자가 보이고 왼쪽 검붉은 등대가 보이고 오른쪽 보이는 방파제가 시민부두 방파제다. 방파제에는 평일 휴일 무관하게 낚시꾼이 붐빈다.

"전어는 띄워서 안 잡나." 민낚싯대 두 대를 펼친 노인은 어림잡아 여든이 넘어 보인다. 표정이 투박하다. 아들이 고교 졸업하던 사십 년 전 산 낚싯대 역시 노인 표정만큼이나 투박하다. 잡은 고기는 전어 셋, 고등어 하나. 바늘이 스물 남짓 달린 전어낚시용 카드를 쓴다. 오늘은 영 신통찮다. 투박한 표정과는 달리 말이 넘친다. 혼자서 몇 시간 잡히지도 않는 낚시 하는 게 영 심심했던 모양이다. 바늘을 띄워서 잡는 고기 가라앉혀서 잡는 고기, 낚시방법까지 세세하게 풀어 놓는다.

노인은 감만동 토박이. 지금도 감만동에 산다. 직장 다닐 때는 낚시라곤 몰랐다. 퇴직하면서 낚시에 재미 붙여 시민부두를 찾는다. 걸어서 다니는 거리기에 자주 찾는 편이다. 토박이라서 아는 게 많다. 부두 입구 붉은 등대 있는 자리가 지금은 육지지만 전에는 바다였던 것도 안다. 바다를 매립해 육지가 되면서 바다 등대가 육지 등대가 되었다는 얘기다.

"하이고, 호롱불 같다!" 노인이 말한 검붉은 등대는 어딘가 고혹하다. 꺼져 가는 심지를 양손 모아 보호해 주고 싶은 촛불 같다. 보호해 주고 싶은 여린 사랑 같다. 그런 마음을 어찌 알았는지 차를 태워 준 강정이 시인은 보는 순간 호롱불 같다며 무의식중 탄사를 내지른다. 등대 위로 다리가 지나간다. 영도와 감만동을 잇는 부산항대교다. 등대에 호롱불이 들어오면 다리가 '앗 뜨거! 앗 뜨거!' 엉덩이를 들썩일 것 같다.

    사람들은 이제 그날의 가스등은 박제가 돼버렸다고
    바위섬도 영영 사라져버렸다고 하지만
    검은 재 속에 묻힌 불씨는 여전히 꿈을 꾼다

    아직 돌아오지 않은 자식 걱정에

처마 끝에 내다 건 등을 끄지 못하고

밤을 지새는 어미처럼

목을 길게 빼고 서 있는 등대

- 손택수 시 '제뢰등대'에서

    등대 명칭은 제뢰(鵜瀨)등대. 등대 입구 동판 안내문은 이 등대가 부산에 현존하는 등대 가운데 가장 오래된 등대라고 밝힌다. 1905년 6월 첫 점등했음을 밝히고 가스등을 사용해 불 밝혔음을 밝히고 노인 말대로 애초 오리여울이란 수중 암초에 세운 등대였음을 밝힌다. 제뢰 제(鵜)는 옥편에 사다새 제로 나온다. 사다새는 인터넷에 검색하면 오리처럼 발가락 사이 물갈퀴가 있는 새로 나온다. 뢰(瀨)는 여울. 제뢰는 우리말로 풀이하면 오리여울이 된다. 수중 암초는 여울이 아니고 '여'지만 아무튼 제뢰는 오리여울, 부산 현존 최고의 등대가 제뢰등대다. 부산 최고의 등대가 불 밝히고 선 곳이 여기 감만시민부두다.

    수중 암초가 육지가 된 것은 2001년. 신감만부두가 건설되면서 바다는 육지가 되었다. 제뢰등대도 운명을 다해 다른 등대가 바로 앞에 들어서자 등대 기능을 멈추었다. 95년간 부산항을 밝히던 수문장에서 역사기념물 등대로 한숨 돌린 것이다. 그런데도 위용은 여전히 대단하다. 여전히 눈 부릅뜨고 부산 앞바다를 노려본다. 부산항대교가 준공되면서 등대는 새로 단장했다. 나무 테라스로 등대를 빙 감싸 베란다에서 부산 바다를 보는 듯한 기분이 그저 그만이다. 테라스 아래로 오리처럼 생긴 수중 암초가 보인다. 육지는 됐지만 속마음은 두고두고 바다에 둔다.

의문이 생긴다. 백 년도 더 전 여기에, 썼고 쌘 부산 바다에서 하필 여기에 등대를 세운 이유가 뭘까. 동판 안내문에 의문을 푸는 실마리가 있다. 안내문을 인용한다. '당시 부산항 항만시설은 예전 부산시청 자린인 용두산 밑에 약 칠천 평 선박계류장과 우암천, 못골, 적기의 포구 및 감만의 군영이 전부였으며…' 제뢰등대가 있는 감만동은 예부터 군영이 있던, 그러니까 군부대가 주둔하던 군사 요충지였다. 등대가 들어선 이유다.

감만동은 예부터 군인 마을이었다. 한국동란이 일어나면서 미군이 주둔했고 일제강점기에는 일본군이 주둔했으며 조선시대에는 해군사령부 격인 경상좌도 수군절도사영이 있었다. 고려시대에는 황금 보기를 돌 보듯 한 최영 장군이 감만동과 깊은 인연을 맺는다.

"칠 감, 오랑캐 만 아닌교." 감만동 동항초등 10회 졸업생 박수웅 선생은 감만동 평생 토박이. 누구보다 감만동 내력에 해박하다. 감만(戡蠻)이 오랑캐를 쳐서 이겼다는 뜻이며 오랑캐 왜구를 물리친 장본인이 최영 장군이라고 단언한다. '설마' 고개를 갸우뚱거리자 동항초등 맞은편 언덕배기 사당으로 나를 데려간다. 사당 이름은 무민사(武愍社). 무민은 최영 장군 시호. 최영 장군 영정을 모신 사당이 무민사다. 일제강점기 장군 위패를 동항초등 신사참배 하는 곳에 숨겨 뒀다고 곤욕을 치른 일화도 들려준다. 감만동과 최영 장군. 연관성을 믿지 않을 재간이 없다. 최영 장군 숨결은 왜구 침범이 잦았던 부산 여기저기 스며 있다. 성지곡수원지와 자성대, 수영에도 장군을 기리는 사당이 있다.

시민부두는 풍광이 좋다. 탁 트여 왼편 천마산과 오른편 장산까지 부산이 훤하게 보인다. 한가운데 산은 구봉산. 산 능선에 높다란 철탑이 앞뒤로 두 기 보이고 탑 꼭대기엔 녹색 등불이 켜져 있다. 구봉산 녹등 철탑 저것도 등대다. 도등(導燈)이라고 해서 배를 안전하게 인도하는 등대다. 앞뒤 등대가 일직선이 되게 해서 배를 몰면 안전하게 부산항에 닿는다. 내 젊은 날에도 저런 등불이 앞뒤로 켜져 있었으면 좋았을 텐데. 사랑을 알기 이전과 사랑으로 아프던 그 시절, 나를 인도하던 등불이 환하게 켜져 있었으면 정말이지 좋았을 텐데 아는지 모르는지 날이 저물수록 등불은 또 명랑해지고 있다.

남구 분포
외로움을 말리듯
바닷물 졸이던 소금밭의 기억

그러면서 외로움은 섬처럼 축축해지고 그러면서 그리움도
촉촉해진다. 그대 아는가. 바닷물에 젖어서 섬이 되어
가는 사람을. 바닷소리에 젖어서 섬이 되어 가는 사람을.

남구 분포_외로움을 말리듯 바닷물 졸이던 소금밭의 기억

좀 어수선하다. 흙을 들이붓는 덤프트럭. 기중기와 바다에 박아 둔 쇠말뚝들. 현수막은 무재해 100일 달성을 독려한다. 낌새를 챘는지 그 흔한 갈매기도 고작 한 마리. 끼룩끼룩 날아와서는 끼룩끼룩 날아간다. 현수막은 여기가 용호만 공유수면 매립사업 현장임을 밝힌다. 올해가 지나면 땅이 될 바다임을 밝힌다.

땅이 될 바다로 배가 들어온다. 뱃사람은 둘. 한 사람은 뱃머리에 앉았고 한 사람은 조종칸에 섰다. 배는 시끌벅적하다. 두 사람이 고함을 질러야 말귀를 알아들을 만큼 엔진소리가 시끌벅적하다. 배가 포구에 닿자 뱃머리 사람이 냉큼 뛰어내려 밧줄을 쇠말뚝에 칭칭 감는다. 배가 다소곳해지면서

엔진도 꺼진다.

"귀를 딱 막아 안 들린다 아이가." 잠잠해진 틈을 타 물어봐도 해녀는 아무 반응이 없다. 해녀는 포구에서 해산물을 파는 현순열 아주머니. 제주 출신이고 예순 중반이고 경력은 사십 년이 넘는다. 해산물을 배에서 옮기고 다듬느라 쉴 짬이 없다. 짬이 없어 잠수복에 잠수경에 차림새가 그대로다. 물 들어가지 말라고 막아 둔 귀마개도 그대로다. 철도청 공무원으로 퇴직한 바깥분이 곁에서 거들면서 잘 못 듣는다고 대신 대답한다.

광주리는 여섯 광주리 일곱 광주리. 광주리에 담긴 것이 싱싱하다. 전복은 미역 같은 해초에 붙어 꼼지락댄다. 해초 이름은 도박풀. 전복이 좋아하는 풀이란다. 멍게 성게 고동도 '한 싱싱' 한다. 해녀는 여전히 반응이 없고 대답은 바깥분 몫이다. 고동은 참고동과 멥쌀고동. 전복도 성게도 고동도 모두 모두 오늘 아침에 나가 잡아온 것. 이기대 지나 치마처럼 널따란 치마바위에서 잡아온 것. 이기대 지나 오륙도 바다도 단골 바다다.

날이 흐려 다섯이면 어떻고
날이 맑아 여섯이면 어떤가
다섯과 여섯을 넘어 바위로 선

영원

덧없는 파도에 몸을 맡기고 섰다가

어느 새 섬은 잠들고

별을 헤느라 조용하던 파도들

섬을 향해 다시 밀려가면

우리가 왜 외롭고

우리가 왜 그리운지

그대 문득 아는가.

- 윤상운 시 '오륙도'

바다를 끼고 사는 사람이 쉬 부글대고 쉬 치받는 건 섬을 향해 쉬 없이 밀려가는 파도 때문. 쉽게 털고 쉽게 푸는 건 파도가 덧없다는 걸 알기 때문. 그러면서 외로움은 섬처럼 축축해지고 그러면서 그리움도 촉촉해진다. 그대 아는가. 바닷물에 젖어서 섬이 되어 가는 사람을. 바닷소리에 젖어서 섬이 되어 가는 사람을.

포구 너머 저쪽은 광안대교. 그 너머는 삼익비치. 포구 이쪽은 분포고등학교다. 분포(盆浦)는 용호동 옛날 이름. 분포 다른 말은 분개다. 포구를 이르는 우리말이 개다. 개펄 갯가 갯바위 갯마을이 개에서 나온 말이다. 부산진구 전포 옛 지명이 밭개고 사상구 덕포는 언덕 덕을 써 덕개다. 분포를 섶자리라고도 한다. 잘피라는 해초가 풀숲처럼 풀섶처럼 군락을 이룬 자리라 해서 섶자리란다. 포구 입구 활어판매장 자리가 섶자리다.

"분깨소금은 내로라하는 소금였지요." 용호향우회장을 맡았던 최대복(64) 용호새마을금고 이사장. 어릴 때만 해도 이 일대가 온통 염전이었다며 분포고와 아파트단지를 가리키고 약도를 그려 가면서 용호1동 삼성시장, 용호3동 종합복지관을 가리킨다. 분개 분(盆)은 그릇을 뜻하는 한자. 가마솥 같은 널따란 질그릇 또는 쇠그릇에 바닷물 담고 불 때 졸여서 소금을 얻은 곳이 분포다.

불을 때던 소금 불가마는 용호동 구획정리가 마무리된 1970년대 초반 자취를 감춘다. 찰랑대던 바닷물을 밀어내고 대학교가 들어선 마당에 그깟 가마솥이 온전했을 리 없다. 포구가 섶자리에서 지금 자리로 옮긴 것도 그즈음이다. 포구는 용호만 매립사업이 끝나는 내년쯤 다시 섶자리로 옮길 전망. 매립이 끝나면 섶자리와 동생말, 이기대 일원을 자연친화적 관광지로 개발해 지역경제를 챙겨야 한다고 최 이사장은 거듭거듭 되뇐다. 지역을 담당하는 마을금고 책임자답다.

"남구 발전의 답은 여기에 있습니다." 남구청 하인상 구보편집실장은 한발 더 나간다. 이 근방 백운포에 해군작전사령부가 들어섰는데 여기 장병은 물론 여기를 찾는 외지인이 돈 쓸 데가 없다는 것. 얼마 전에 국제관함식을 하면서 구경꾼이 몰려도 돈은 딴 데서 다 썼다는 푸념이다. 동생말 이기대는 물론 경성대, 차량등록사업소까지 관광지를 확대해야 한다고 목소리를 높인다.

동생말이 또 나온다. 동생말은 분포를 내려다보는 야트막한 야산. 하 실장은 광산에서 구리가 나왔다 해서, 최 이사장은 해가 뜨는 동쪽 끝자락이라고 해서 동생말이라고 그런다. 개발이란 말을 하고 또 하는 걸 보니 뭔가 프로그램이 있는 듯하다. 감 놔라 배 놔라 할 수는 없는 처지. 삽을 찍더라도 람사르 기사라도 한번 읽어보고 찍으시길. 바다에 흙 한 삽 붓더라도 우포늪이라도 한번 다녀와서 부으시길.

포구 한켠은 조선소. 길쭉한 배가 번쩍 들렸고 배 밑에선 쇠망치질에 용접에 소리는 드높고 열기는 뜨겁다. 배를 들었듯 내년이면 번쩍 들려서 자리를 옮길 포구 분포. 포구에다 대고 누군가는 쇠망치질을 하고 누군가는 용접을 할 것이다. 소리는 높고 열기는 뜨거울 것이다. 그리고 보면 내가 들려 본 날은 기억나지 않을 정도로 오래전. 나는 누가 번쩍 들어 줄 것인가. 나를 드높고 뜨겁게 해 줄 것인가.

어수선은 해도 포구는 포구다. 끼룩끼룩 날아간 점박이갈매기가 끼룩끼룩 날아온다. 혼자서는 안 되겠던 모양이다.

옆에도 갈매기고 뒤에도 갈매기다. 해녀는 마수걸이로 성게 알 한 봉지를 만 원에 판다. 오늘은 보름 다음 날. 근처에 살아 어제도 왔다던 수필가 김정화는 보름달 뜨는 포구를 꼭 보란다. "오, 영원한 친구! 오, 행복한 마음!" 막 들어온 배가 틀어대는 유행가가 포구를 구석구석 들쑤신다. 귀마개 해녀는 그래도 아무 반응이 없다.

수영구 민락

잃어 버린 기억을 쓰다듬는
도심 속 고마운 포구

어둑해지면서 배도 포구도 어둑해진다. 배도 지워지고 포구도 지워진다. 배도 포구도 비어 간다. 자기를 지워서 자기를 비우는 것들. 나는 나를 지울 용기가 있는가. 나를 비울 용기가 있는가.

수영구 민락_잃어버린 기억을 쓰다듬는 도심 속 고마운 포구

뱃사람은 분주하다. 장화를 신고 그물 밟는 사람 고무망치로 그물 두드리는 사람, 모두 넷이다. 그물은 진흙투성이. 밟아도 밟아도 진흙이 나오고 두드려도 두드려도 진흙이 나온다. 한 사람은 진흙을 털어낸 그물을 끌어당겨 선착장에 잰다. 일은 어둑해져서야 끝이 보인다.

포구 방파제 끝은 빨간 등대. 어둑해지면서 등대에 불이 들어온다. 빨간 등대보다 더 빨간 불빛이 깜빡깜빡 두 번을 깜박이다간 꺼지고 또 두 번을 깜빡이다간 꺼진다. 해를 넘긴 황령산 꼭대기 철탑에서도 불빛이 깜빡인다. 깜빡이다간 꺼지고 깜빡이다간 꺼지면서 등대불빛에 화답한다.

해가 서산에 걸렸다. 낙조가 아름답다. 종일토록 고기 잡이하던 배를 암탉처럼 품은 포구는 아늑하고 포근하다. 배들에게는 무궁한 요람이다. 포구에 매인 빈 배. 종일 채우기 위해 바삐 움직이던 배도 비어 있고 포구도 비어 있다.
- 이해주 수필 '아름다운 휴식'에서

어둑해지면서 배도 포구도 어둑해진다. 배도 지워지고 포구도 지워진다. 배도 포구도 비어 간다. 자기를 지워서 자기를 비우는 것들. 나는 나를 지울 용기가 있는가. 나를 비울 용기가 있는가. 밝아진다. 자기를 지우고 자기를 비울 용기가 있어 주변이 밝아진다. 광안대교 불빛이 밝아지고 횟집들 불빛이 밝아진다.

장화를 신고 그물 밟으며 진흙을 으깨던 뱃사람은 강민호 선주 겸 선장. 마흔 초반이고 민락 어촌계장이다. 야구선수와 이름이 같다고 하자 씨익 웃는다. 뱃일은 물려받았고 뱃사람 이력이 붙은 건 이십 년 가깝다. 민락동 토박이다. 그물 밟는 일이 보기보다 된지 인사를 나눈 뒤 선착장에 퍼지고 앉아서도 한동안 땀을 뚝뚝 흘린다.

"아구하고 납세미가 많이 잡히지요." 요즘 잘 잡히는 아귀와 납세미는 바다 밑바닥에 사는 어종. 그물이 왜 진흙 투성이인지 짐작된다. 많이 잡으면 몇백 킬로고 보통 백 킬로는 잡는다. 어장은 부산 앞바다. 불법 저인망을 단속한 이후부터 어장 사정이 좋아졌다고 한다. 잡은 고기는 활어판매장에 넘기거나 물차에 넘긴다. 대개 새벽 네 시 무렵 나가 오후 네 시쯤 들어오고 한 달에 이십 일가량 조업한다.

    토박이에게는 토박이만의 방언이 있다. 방언은 낯설고 구수하다. 광안대교가 생기기 전에는 광안대교 자리에서 미역 양식을 했다는 얘기가 낯설고 구수하며 태창목재 자리를 거쳐 수영2호교 자리를 거쳐 또 어디 자리를 거쳐 지금 이리로 포구를 옮겼다는 얘기가 구수하고 낯설다. 사람도 낯설고 구수해 일만 아니면 어촌계 사무실 옆 해녀들 좌판에서 해산물 한 접시 나누고 싶어진다.

    배가 들어온다. 아무 배나 들어와 정박해도 되는지 궁금하다. 답은 노. 차에 차고지가 있듯이 배에도 그런 게 있어 어촌계원 배만 정박한다. 그렇게 봐서 그렇겠지만 정박한 배들이 자기 땅에 주차한 차처럼 의젓하다. 십 미터는 넘어 보이는 대나무 장대를 꼿꼿이 세운 참치잡이배가 의젓하고 소형차 같은 통발어선이 의젓하다.

    민락 어촌계원은 딱 백 명. 몇 년 전에는 이백 명이 넘었지만 감척 정책으로 줄어들고 나이들어 물러앉으면서 줄어들어 딱 백 명. 어촌계장 나이 밑으론 없다. 물가는 오르는데 고기값은 십 년 전이나 이십 년 전이나 그대로인 게 걱정이다.

더 큰 걱정은 기름값. 작년 이맘때 한 드럼에 십만 원 하던 면세유가 지금은 이십만 원이다. 뱃일 전체경비 중에서 절반이 기름값이라 걱정이 이만저만 아니다.

또 다른 걱정거리는 바다 쓰레기. 바다는 가꿔 가면서 얻어내야 하는데 쓰레기가 골치다. 폐어구나 쓰레기를 바다에서 건져 와도 폐기물 처리비용이 만만찮고 나라에서 비용을 대주지 않아 그냥 내버려두기 일쑤다. 치어가 살기 좋도록 어초를 바다에 넣고 넣어도 쓰레기가 엎치고 덮치면 도루묵. 그래도 자식이 물려받겠다고 하면 물려줄 뱃일이고 바다일이다. 바다를 지키겠다는 결기는 오지다. "우리 바단데 우리가 지켜야지요."

민락포구 좌청룡 우백호는 아파트. 배산도 아파트다. 어둑해지면 아파트 불빛이 멀리서 가까이서 포구를 에워싼다. 그래서 민락포구는 도시형 포구고 언제든 찾아갈 수 있는 포구다. 포구를 잃어 가고 포구의 기억을 잃어 가는 부산사람에게는 거기에 있다는 것만으로도 고마운 포구다. 아파트 불빛이 하나둘 들어온다. 청룡이 용틀임하듯 백호가 으르렁대듯 불빛이 들어온다.

빨간 등대는 낙서 내용도 빨갛다. '항상 곁에 있을게.' '우리 헤어지면 꼭 여기서 다시 만나자.' 누구에게나 그런 사람 있으리라. 항상 곁에 있고 싶은 사람 다시 만나고 싶은 사람. 그런 사람 그런 시절은 물같이 흘러가고 기억의 등대만 오롯하다. 항상 곁에 있고 싶은 사람 그대는 누구인가. 다시 만나고 싶은 사람 그대는 어디에 있는가.

포구와 철망 하나를 사이에 두고는 수변공원. 말 그대로 물을 낀 바다를 낀 공원이다. 파도가 철썩이고 파도소리가 철썩인다. 공원 광장에도 벤치에도 사람들이 철썩인다. '고무대야' 횟집에서 사 왔을 횟감이 안주. 도둑고양이가 기웃거리고 부모를 따라온 아이들이 먹을 것을 던져 주며 고양이를 기웃거린다.

수변공원에서 손을 뻗으면 광안대교. 불꽃놀이 인파가 꾸역꾸역 파도처럼 몰려드는 대교다. 가을 밤하늘을 이렇게도 수놓고 저렇게도 수놓을 광안대교 불꽃놀이는 낼모레. 불꽃놀이가 다른 세상 남 일 같은 사람도 저마다 심중에 불꽃 두엇쯤은 품었을 터. 공원 계단에 혼자 앉은 저 장년, 불꽃 심지에 불을 붙이듯 담뱃불을 붙인다.

해운대구 미포
하얀 갈매기가 일으키는 하얀 물살

지금 내가 보는 곳이 앞이지만 돌아서면 뒤가 된다.
생각을 달리하면 길이 보인다. 하는 일이 꼬이고
안 풀릴 때 찾아가기 좋은 포구가 미포다.

해운대구 미포_하얀 갈매기가 일으키는 하얀 물살

나이가 들어 보이는 포구다. 처음 보는 순간 말을 높여야 할 것 같은 포구다. 미포가 있는 곳은 해운대해수욕장을 사이에 두고 동백섬 반대편. 미포 빨간 등대 방파제에서 보면 해수욕장과 동백섬이 한눈에 다 들어온다. 동백섬 너머 고층 '삐까번쩍' 아파트들이 파릇한 청년이라면 미포는 주름살 제법 패인 중후한 장년이다. 말을 높이지 않으면 께름칙하지 싶다.

미포는 아버지 어머니 같은 포구다. 일면식 없어도 "아버지요! 어머니요!" 들이대면 "아이고, 내 새끼!" 양팔 벌려 맞아 줄 것 같은 포구다. 눈빛만 보고도 내 속을 알아채고선 구부정한 등을 투박한 손바닥으로 다독이는 포구 미포. 아

버지의 친구 같고 어머니의 친구 같은 포구 미포에 들면 누구라도 경계를 푼다. 누구라도 마음을 푼다. 푸근해진다.

미포는 지명부터 푸근하다. 미포 미는 꼬리 미(尾). 꼬리 대신에 머리가 되려고 다들 눈이 벌갠 요즘 세상에 꼬리를 자처하는 지명은 은근히 맵다. 나를 때리는 죽비 같은 지명이다. 미포는 소의 꼬리께 자리한 포구라서 붙인 지명. 미포에서 가까운 달맞이언덕을 품은 산은 와우산(臥牛山). 드러누운 소 형상이다.

미포 좋은 점은 자신을 낮춘다는 것. 그리고 의구하다는 것이다. 세상이 다 변해도 결코 변하지 않을 미포 앞바다 수평선처럼 미포는 십 년 전이나 이십 년 전이나 그제나 이제나 그 모습 그대로다. 물웅덩이 같은 조그만 포구도 그 모습 그대로고 훅 불면 밀려갈 것 같은 조그만 배도 그 모습 그대로다. 자고 일어나면 뭐가 바뀌어도 바뀌는 세상에, 금방 끓고 금방 식는 세태에 미포는 죽비다. 세상을 세태를 후려치는 대나무 매질이다.

미포는 새벽이 분주하다. 고기 잡으러 나가는 새벽 두세 시가 분주하고 고기 잡고 들어오는 새벽 대여섯 시가 분주하다. 배가 고기를 풀면 포구는 어물전 난전으로 흥청댄다. 해산물은 철따라 다르지만 모두가 자연산이다. 널따란 고무대야마다 제철 자연산이 파닥이거나 꿈틀댄다. 새벽시장이 선다는 걸 알고 온 사람, 모르고 온 사람이 덩달아 파닥이고 덩달아 꿈틀댄다.

"새벽 6시부터 11시까지 여요." 새벽시장은 새벽에 시작해서 오전 중에 철시한다. 허가를 내고 장사하는 인근 횟집 영업시간과 겹치지 않으려는 배려다. 횟집은 횟집대로 토박이들이 꾸리는 새벽시장 난전을 묵인한다. 묵인하는 마음 역시 배려다. 미포 새벽시장은 서로가 서로의 선을 지키며 서로가 서로에게 마음으로 스미는 시장이다. 손으론 연신 통발로 잡은 붕장어를 썰면서 영업시간을 알려 준 아주머니는 때깔도 곱다. 알고 온 사람 모르고 온 사람, 줄을 섰다.

자연산이래도 회는 엄청 싸다. 한 접시 만 오천 원어치도 팔고 이만 원어치도 판다. 말만 잘하면 만 원어치도 팔겠다. 해산물은 집에 가져가도 되고 난전에서 바로 먹어도 된다. 접이식 원탁과 플라스틱 의자가 불편은 해도 파도소리 밑반찬은 일식집 부럽잖다. 꿈틀대는 문어를 즉석에서 삶기도 한다. 초장값은 따로 받는다. 한 사람당 이천 원이다. 회값도 초장값도 재작년 그대로고 작년 그대로다. 미포는 의구하다.

등대 방파제에 서면 해운대 진경이 펼쳐진다. 해수욕장과 동백섬, 오륙도, 그리고 수평선을 오른쪽에서 왼쪽으로 휘돌아서 지금은 기차가 다니지 않는 동해남부선 터널까지 한 폭 산수화다. 방파제로 가려면 새벽시장 맞은편 미포어촌계 활어판매장 골목에서 꺾어야 한다. 판매장에서 방파제 가는 길은 통발이며 그물이며 온통 어구 차지다. 정박한 배에도 통발이며 그물이며 어구가 한가득이다.

미포에 정박한 배는 거의가 일이 톤. 조그맣다. 거의가 연안에서 통발 또는 그물로 조업한다. 어부에게 바다는 세 가지다. 연안과 근해, 그리고 원양이다. 원양으로 갈수록 육지에서 멀어지고 깊어진다. 원양으로 갈수록 배는 커지고 단단해진다. 연안 배는 작고 허술해 보이지만 대신 야무지다. 매일 새벽 조업을 나가도 고뿔 한번 걸리지 않는다. 미포에 정박한 배들은 산전수전 다 겪은 백전노장이다.

미포 앞바다는 등대가 수두룩하다. 방파제 빨간 등대를 비롯해 바다 한가운데도 등대가 보이고 건너편 동백섬 바로 앞에도 등대가 보인다. 오일펜스를 친 해수욕장 앞바다엔 삼각형 등대가 기우뚱기우뚱 흔들린다.

등대 공부 잠시! 등대는 저마다 기능이 다르다. 미포 방파제에서 보이는 등대에 국한해서 공부하자면 이렇다. 방파제 빨간 등대는 좌우를 표시한다. 들어오는 배는 빨간 등대를 배 우현에 두고 들어와야 한다. 그래서 빨간 등대를 우현표지라고 부른다. 미포에는 없지만 하얀 등대는 반대로 좌현표지다. 그러니까 방파제 등대는 좌우를 나타내는 표지다. 좌우를 나타내는 표지를 측방표지라고 한다.

배의 진행방향을 동서남북으로 나타내는 표지도 있다. 방위표지라고 부른다. 동백섬 앞에 새로 생긴 등대는 등표. 이 등표는 방위표지의 하나다. 외벽을 이등분해 상부는 황색이고 아래는 흑색이다. 남쪽으로 운항하라는 신호다. 위가 흑색이고 아래가 황색이면 북쪽 운항! 동쪽과 서쪽도 황색과 흑색 배치로 표시한다. 미포엔 동서남북 등대와 전후좌우 등대가 모두 있는 셈이다

'동서남북은 방향이 정해져 있지만 전후좌우는 방향이 정해져 있지 않다.' 사오백 년 전 중국 문장가의 작품집에 나오는 글이다. 원문은 '동서남북 일정지위야 전후좌우 무정지위야(東西南北 一定之位也 前後左右 無定之位也)다.

지금은 내가 보는 곳이 앞이지만 돌아서면 뒤가 된다. 생각을 달리하면 길이 보인다. 하는 일이 꼬이고 안 풀리는 사람을 다독이고 위로하기 좋은 말이다. 외지인이나 관광객을 상대로 이따금 포구나 등대 가이드를 나선다. 동서남북 전후좌우는 단골 멘트다. 어디에 서느냐에 따라 어떻게 서느냐에 따라 좌우가 달라지는 등대가 있는 미포는 청사포가 그렇듯 송정이 그렇듯 하는 일 꼬이고 안 풀릴 때 찾아가면 딱 좋을 포구다.

갈매기는 시력이 좋다. 먹성이 좋은지도 모르겠다. 포구 바로 옆은 유람선터미널. 광안대교와 오륙도를 유람하는 배

를 탄다. 관광객을 태운 배가 시동을 걸기 시작하면 갈매기가 떼거리로 몰려든다. 몰려들어선 관광객들이 던져 주는 새우깡을 냅다 낚아챈다. 얼마나 시력이 좋은지 놓치는 새우깡이라곤 없다. 반 톨로 부숴서 던져도 냅다 낚아채고 반 톨을 다시 반 톨로 부숴서 던져도 냅다 낚아챈다. 유람선 꽁무니를 따라가는 하얀 갈매기 떼거리는 멀리서 보면 배가 앞으로 나아가면서 일으키는 하얀 물살 같다. 배가 일으킨 물살과 갈매기가 일으킨 물살이 포구로 포구로 밀려든다. 물웅덩이 같은 조그맣고 고요한 포구에 파문이 인다.

> 은밀한 것은 늘 준비된 사연이 있죠
> 남아있는 것의 기억 속에서
> 떠난 것은 오래오래 날고 싶기 때문이에요
>
> 썰물과 밀물이 기쁨과 슬픔으로 만나
> 바다의 가슴에 웅덩이를 만들 때
> 바다의 가슴을 열고 소금꽃이 피어나요
>
>   - 김다희 시 '미포항에서' 에서

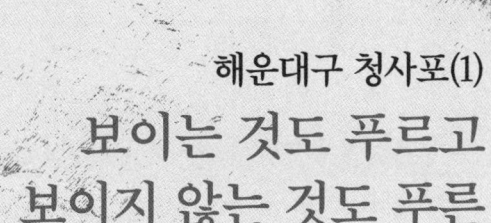

해운대구 청사포(1)
보이는 것도 푸르고
보이지 않는 것도 푸른

어두워지면 등불 빛깔을 보고서 나가는 배는 나가고 들어오는 배는 들어오리라. 내가 지금 선 이 자리. 그리고 오십을 넘긴 이 나이. 나갈 것인가. 들어갈 것인가. 눈길이 홍등으로 가다간 녹등으로 가고 녹등으로 가다간 홍등으로 간다. 속도 모르고 등불은 꺼졌다간 켜지고 꺼졌다간 켜진다.

해운대구 청사포(1)_보이는 것도 푸르고 보이지 않는 것도 푸른

청사포 청은 푸를 청. 바다가 푸르고 바다에 물든 갯바위가 푸르다. 들여다보진 않았지만 그 속은 왜 아니 푸를 것인가. 보이는 것도 푸르고 보이지 않는 것도 푸른 바다, 청사포. 새도 물들어 청사포에선 눈동자 푸른 갈매기가 푸른 울음을 운다.

방파제 선착장에 정박한 배도 하나같이 푸르다. 배는 통발이니 자망이니 하는 고만고만한 연안어선과 낚싯배. 하나같이 푸르게 도색한 배들이 물결 따라 바람 따라 한쪽으로 쏠린다. 쏠리다간 배와 배를 묶은 밧줄이 팽팽해지면 일제히 반대쪽으로 쏠린다.

같은 쪽으로 쏠리는 배들. 쏠리는 방향이 한 방향이기에

부딪치지 않고 부딪쳐도 충격이 덜하다. 정박한 배에게서 배우는 처세술이다. 내년이나 후내년 어느 해에는 저 처세술을 본받으리라. 수첩 앞장에 적어 두고 잊을 만하면 들춰 보리라.

정초 무렵이면 각오랄지 목표를 세우곤 한다. 올해 각오는 '적게 말하고 늦게 말하기.' 대화 상대에게 말할 기회를 더 주고 상대가 말한 다음에 말하자는 다짐이다. 그럴싸하지만 지켜질지는 글쎄다. 새해 새 각오는 언제나 작심삼일이었으니. 말을 나누다 보면 내가 더 말이 많아지고 먼저 말하곤 했으니.

수평선은 희한하다. 반듯하면서 완만하다. 세상 잣대론 긋지 못할 선이다. 직선인 것 같으면서 완만한 곡선이고 곡선인 것 같으면서 반듯한 직선을 세상 어느 잣대로 긋는다 말인가. 수평선 부근 구름장이 두텁다. 두터운 구름장을 이고도 전혀 휘지 않는 수평선. 수평선을 눌러 대지 않는 구름이 대단하고 구름을 이고도 휘지 않는 수평선이 대단하다.

방파제 등대는 흰 등대 빨간 등대. 생긴 게 위가 뾰족한 종탑 같기도 하고 불을 붙인 양초 같기도 하다. 등대가 무적을 울리면 땡그랑땡그랑 종소리가 나리라. 등불을 밝히면 촛농이 뚝뚝 떨어지리라. 둘 다 희거나 둘 다 빨갛지 않는 건 등대 색깔을 보고 배가 나가고 들어오기 때문. 나가는 배는 흰 등대를 보고 나가고 들어오는 배는 빨간 등대를 보고 들어온다. 배도 자동차와 마찬가지로 우측통행을 한다. 육지에서 보면 흰 등대는 우측에 있고 빨간 등대는 좌측에 있다.

'자기야, 군 생활 힘들지? 지금은 혼자 오지만 2년 뒤에 같이 오자. 사랑해요.' 등대 벽면에는 두 줄 세 줄 낙서가 가득하다. 시 삼백이 따로 없다. 연인끼리 친구끼리 하트 모양 언약이고 가족이 잘되기를 바라는 소망이고 홀로 온 사람 내밀한 독백이다. 애인을 군대 보내고 여기 등대에다 속마음을 토로한 사람. 애인이 남 같지 않고 애인을 보낸 사람이 남 같지 않다. 애인이여! 애인을 보낸 사람이여! 오래전에 겪은 일이지만 그리 오래된 일 같지 않다.

청사포 바다는 늘 푸르다
푸른 청사포 너른 바다
거센 해풍에 가슴 풀고
흰 속살 드러내는 아침 모래톱

길고 긴 외로움의 발자국 여럿
희미한 흔적을 남겼어도
다시 못 올 것에 대한
작별, 그 다음이 있었을 뿐인데

그대 지금 청사포에 와서

무엇을 확인하려 하는가

저 파도, 저 바람, 저 그리움들

다시 못 올 것에 대하여

손수건에 젖었던 그 날의 해후는

바닷바람에 나부끼고

청사포 바다 늘 아프게 푸르다

- 하계열 시 '다시 못 올 것에 대하여'

  방파제에 달라붙은 낚시꾼은 손놀림이 바쁘다. 입질이 잦아 연신 낚싯대를 채고 연신 미끼를 갈아끼운다. 세 번 네 번 헛챔질을 하고서야 고기가 올라온다. '학꽁치'다. 어른 손바닥 길이 물고기가 은빛 비늘을 파닥대면서 끌려온다. 옆자리 낚시꾼도 같은 고기를 낚아 낸다. 미끼는 크릴새우. 새우를 가운데 두고 낚시꾼도 학꽁치도 방파제에 달라붙는다. 어떤 고기가 잡히나, 구경꾼인 나도 방파제에 달라붙는다.

  낚시에 끌려다닌 적이 있다. 낚시가 나를 끌고 다닌 적이 있다. 서른 초반 무렵이다. 마라도에서 한겨울 보름간 두 차례, 울릉도에서 한 주일, 그리고 거제도 무슨 섬, 전라도 무슨무슨 섬. 조류가 세차게 흐르면서 짐승 울부짖는 소리를 내는 겨울밤. 무슨 사연으로 길게는 보름을 짧게는 이삼일을 섬에서 혼자 지냈던가. 금방이라도 짐승이 달려들 것 같아 무섭고 그러면서 외로웠던 그 겨울밤 무슨 심보로 나를 몰아세웠던가.

그럴 만한 사연과 심보가 당시는 분명 있었을 터이다. 그렇지 않고서야 한창 일할 나이 그 연배가 치러야 하는 보편적 생활양식에서 그토록 벗어나진 않았으리라. 잡으나 안 잡으나 그게 그거인 고기를 찾아 섬을 떠돌지는 않았으리라. 이제는 아득하게 지나간 일. 기억도 까마득해서 기억나는 것보다 기억나지 않는 게 더 많다. 언젠가는 그 사연 그 심보를 아무렇지 않게 말할 수 있으리라. 내 생애에 그때도 좋았노라고 웃으면서 말할 수 있으리라.

배가 지나가면서 일으킨 파도가 해안까지 밀려온다. 어떤 파도는 해안에 널브러진 갯바위를 넘쳐서 오고 어떤 파도는 갯바위를 비켜서 온다. 넘쳐서 오는 파도나 비켜서 오는 파도나 밀려오는 기세만큼은 등등하다. 파도가 성가신지 수면에 옹그린 갈매기, 푸드득 자리를 떠 옴팡진 갯바위에 내려앉는다. 한 마리가 뜨자 삼삼오오 무리지은 갈매기도 덩달아 수면을 뜨면서 바다는 빈 바다가 된다. 기세등등하던 파도만 무색해져 해안선에 닿기도 전에 풀이 죽는다.

청사포엔 해안을 따라 좀 높거나 나지막한 턱이 있다.

육지와 바다 경계인 셈이다. 나지막한 턱에 올라서서 사진을 찍어 대거나 바다를 바라보는 사람들. 나도 올라서서 사람들 틈에 끼인다. 저들 중에는 마음이 무거워서 바다를 찾은 사람이 있으리라. 되는 것 없어 해 놓은 것 없어 딱하고 답답한 심사. 그 심사를 잠시나마 풀어 보려고 잠깐이나마 달래 보려고 겨울바다를 찾은 사람이 있으리라.

 삶은 반전에 반전을 거듭한다. 흔히들 겪는 바다. 잘 풀리다가 한순간에 꼬이는 게 삶이고 늘 꼬이다가 한순간에 풀리는 게 삶이다. 마음이 무거운 그대. 청사포 푸른 바다를 바라보며 한참을 서 보시라. 갈매기가 앉은 옴팡진 갯바위처럼 눈높이를 바꾸면 기댈 언덕이 있으려니. 바닷게가 파 둔 깊숙한 갯벌처럼 발상을 바꾸면 솟아날 구멍이 있으려니. 삶은 고해. 바다의 파도가 밀려오다간 밀려가듯이 고해의 파도 역시 밀려오다간 밀려간다.

 살아오면서 나를 힘들게 한 건 무얼까. 열 가지를 추려 본다. 내가 미워한 사람. 상실 내지는 부재. 변명. 빚보증. 속과 겉이 다른 이중인격. 혀 짧은 발음. 초등학교부터 앓는 중이염. 돈 부족. 술김에 저지른 실수. 지키지 못한 약속. 어떤 것은 시간이 지나면서 해결된 문제고 어떤 것은 시간이 지나가도 해결되지 않을 문제다. 해결된 문제나 해결되지 않은 문제나 나를 곤두서게 했던 것들이고 곤두서게 하는 것들이다.

열 가지를 끝에서부터 되짚어 본다. 나를 힘들게 할 만큼 가치가 있는지 따져서 없다고 여겨지는 건 하나씩 지워 나간다. 지키지 못한 약속. 이제 와서 어쩔 텐가. 반면교사로 삼자며 지운다. 술 실수. 역시 반면교사다. 지운다. 돈이야 없다가도 있는 것. 돈 부족도 지운다. 만성이 된 중이염은 덕분에 현역 대신 보충역 판정을 받았으니 탓할 것만은 아니다. 짧은 발음은 나를 상징하는 브랜드가 될지도 모를 일이고 이중인격은 누군들 그러지 않을까. 지우다 보니 지워지지 않는 게 없다. 바다가 배 지나간 자국을 모조리 지우듯 지워지지 않는 게 없다.

청사포 앞바다는 바둑판이다. 미역발을 뜨게 하는 부표가 빈집을 꽉 메운 바둑돌마냥 빼꼭하다. 해운대에서 출발하는 2번 마을버스 종점은 청사포 빨간 등대 방파제. 종점에 해녀 탈의실 겸 쉼터가 있다. 포구엔 조개구이 장어구이 식당이 즐비하다.

비닐천막을 친 구이집 연통에서 하얀 김이 핀다. 냉기가 서린 손바닥을 대고 녹이면 좋으련만 연통이 내 키보다 훨씬 높다. 보는 것으로 바다 찬바람에 언 몸을 달랜다. 해물 굽는 냄새가 언 몸에 달라붙는다. 조개는 가리비가 쫀득하고 장어는 껍질부터 구워야 제대로 굽힌다! 조개 생각에 장어 생각에 군침이 돈다. 고양이도 군침이 도는지 구이집으로 살

금살금 다가간다. 주황색 얼룩고양이다. 새끼인 듯 같은 색깔 몸집 작은 고양이는 멀찍이 떨어져선 다가가는 고양이 일거수일투족을 놓치지 않는다. 눈빛이 순하다.

구이집을 빠져나오면 제당이 보인다. 제당 바로 뒤에는 몇백 년 노송 두 그루가 노부부 같다. 뱃일 나간 지아비를 기다리다 일생을 보낸 여인 전설이 서린 제당이고 망부송이다. 솔가지는 낮고도 높다. 낮은 가지는 손에 닿을 정도로 낮고 높은 가지는 고개를 완전히 젖혀 쳐다보아도 끝이 보이지 않는다. 낮은 가지도 높은 가지도 한 나무에서 나온 가지. 내 몸에서 난 가지도 저랬으면 좋겠다. 낮은 가지는 낮아도 높은 가지는 끝이 보이지 않을 정도로 높았으면 좋겠다.

오후 다섯 시가 조금 넘은 시각. 등대에 불이 들어온다. 빨간 등대는 빨간 등불이 한 번 켜졌다간 꺼지고 흰 등대는 녹색 등불이 한 번 켜졌다간 꺼진다. 이른바 홍등이고 녹등이다. 어두워지면 등불 빛깔을 보고서 나가는 배는 나가고 들어오는 배는 들어오리라. 내가 지금 선 이 자리. 그리고 오십을 넘긴 이 나이. 나갈 것인가. 들어갈 것인가. 눈길이 홍등으로 가다간 녹등으로 가고 녹등으로 가다간 홍등으로 간다. 속도 모르고 등불은 꺼졌다간 켜지고 꺼졌다간 켜진다.

해운대구 청사포(2)
저 푸른 바다의 입…
사람 마음 깨물어, 놓아주지 않는

숨을 들이쉰다. 비릿하다. 바다가 내 안에 들어온다. 내 안에서
바다가 돌아다닌다. 내가 바다가 된다. 띄울 것은 띄우고
가라앉힐 것은 가라앉힌 바다. 나도 그러리라.
띄울 것은 띄우고 가라앉힐 것은 가라앉히리라.
마음은 그래도 그게 어디 예삿일인가.

해운대구 청사포(2)_저 푸른 바다의 입… 사람 마음 깨물어, 놓아주지 않는

포구(浦口). 포의 입. 바다의 입. 바다의 입이 사람을 깨문다. 사람의 마음을 깨문다. 깨물고서는 사람을 놓아주지 않는다. 사람의 마음을 놓아주지 않는다. 물과 뭍이 맞물린 곳에 선 사람이 젖고 사람의 마음이 젖는다.

배는 어림잡아 열다섯 척 스무 척. 배는 고만고만하다. 그물로 고기를 잡는 배도 통발로 잡는 배도 낚시로 잡는 배도 고만고만하다. 고만고만한 배들이 고만고만한 물결에 일렁인다. 물이랑에 일렁인다.

"깊어 보이고 푸르러 보여 좋네요." 울적하고 심란하면 청사포 바다를 찾는다는 사직동 주부 백경옥 씨 탄사처럼 청사포는 푸르다. 전설에 나오는 뱀도 푸르고 돌도 푸르고 모래도 푸르다. 그래서 뱀 사(蛇)를 써 청사(靑蛇)고 돌 같은 모래 사(砂)를 써 청사(靑砂)고 그냥 모래 사(沙)를 써 청사(靑沙)다.

청사포 깊고 푸른 역사는 구석기로 거슬러 올라간다. 돌에서 돌을 떼어 뾰족한 돌은 뾰족하게 쓰고 뭉툭한 돌은 뭉툭하게 쓰던 구석기로 거슬러 올라간다. 청사포 구석기 유적이 발견된 곳은 청사포 북쪽 동해남부선 기찻길 건너편. 송정 가기 직전 구불구불 도는 그곳이다.

청사포에서 유적이 발견되면서 부산의 역사는 신석기에서 구석기로 뛰어넘는다. 영도 동삼동 패총의 신석기를 훌쩍 뛰어넘는다. 청사포에서 고개 하나를 넘으면 해운대 신시가지. 청사포에 이어 신시가지에서도 유적이 발견되면서 부산의 역사는 두꺼워진다. 1만 년에서 2만 년은 두꺼워진다.

바람을 안고 포구에 선다. 나에게 안기는 이 바람은 구석기에도 불던 바람. 뾰족한 돌은 뾰족하게 쓰고 뭉툭한 돌은 뭉툭하게 쓰던 그때에도 한 사람쯤은 두 사람쯤은 내가 선 포구에 서서 내가 보는 바다를 보았을 것이다. 바다를 보며 마음에 푸른 물 들였을 것이다.

숨을 들이쉰다. 비릿하다. 바다가 내 안에 들어온다. 내 안에서 바다가 돌아다닌다. 내가 바다가 된다. 띄울 것은 띄우고 가라앉힐 것은 가라앉힌 바다. 나도 그러리라. 띄울 것은 띄우고 가라앉힐 것은 가라앉히리라. 마음은 그래도 그게 어디 예삿일인가. 그게 어디 마음대로 되는 일인가.

내가 선 자리, 포구. 포구는 경계다. 물과 뭍의 경계다. 젖음과 젖지 않음의 경계다. 나아감과 돌아옴의 경계다. 애초의 포구가 구불구불한 것은 사람의 마음을 닮았기 때문. 경계에 서서 이러지도 못하고 저러지도 못해 하루에도 몇 번씩 몇십 번씩 갈팡질팡하는 사람의 구불구불한 마음을 닮았기 때문.

청사포 포구는 구불구불한 마음을 가누지 못해 찾는 포구다. 구불구불한 마음을 펴지 못해 찾는 포구다. 나도 모르는 내 마음을 한나절이라도 반나절이라도 청사포 푸른 물에 담그고 싶어서 찾는 포구다. 뚝뚝 떨어지는 푸른 물을 보며 나를 내 마음을 시퍼렇게 다잡고 싶어서 찾는 포구다.

"얼추 35년은 된 것 같네요." 고만고만한 배를 타고 나가 물질을 하는 김형숙 씨는 해녀. 시집가기 전에도 청사포에서 물질하며 살았고 시집가고 나서도 물질하며 살아 청사포 바닷속을 속속들이 안다. 몇 년 후면 환갑이니 생애의 절반 이상을 물질로 보낸 청사포 사람이다.

요즘 잘 잡히는 해산물은 전복과 성게. 전복이 '삼사 킬로'씩 잡히던 때보다는 못해도 청사포 바다는 아직 양호하다. 하루 두 시간 물질에 '일이 킬로'는 딴다. 청사포 바닷속 물살이 빨라 물질은 애먹지만 대신에 해산물은 상등품이다. 일등품이다. 잡은 해산물은 횟집에 대기도 하고 직접 팔기도 한다.

청사포 해녀는 스무 명 정도. 대부분 배를 타고 나가 물질한다. 나이는 쉰 초반에서 예순 후반. 김형숙 씨 표현대로 '해녀 마지막 세대'다. 해녀 마지막 세대가 퇴장하고 나면 자연산 전복이니 성게도 퇴장이다. 해녀사무실이 있는 방파제가 사라태풍이 휩쓸고 간 즈음에 지어졌다는 해녀의 증언도 퇴장이고 바닷속 다릿돌 증언도 퇴장이다.

바닷속 다릿돌. 방파제 바로 앞바다 등대에서 갯가 쪽으로 놓인 다섯 개의 암초를 말한다. 징검다리처럼 놓여 있다 해서 다릿돌이다. 다릿돌이 기장미역 원산지다, 라고 김형숙 해녀는 목청을 돋운다. 다릿돌 부근은 물이 맑고 물살이 거세 다릿돌에 달라붙은 돌미역이 미역 중에 미역이란다. 다릿돌 미역밭을 놓고 청사포와 기장이 1930년 법정에 갔고 청사포가 승소했다고 향토사학자 주영택 선생은 증언한다. 6층짜리 호텔이 있는 자리는 다릿돌 미역을 다듬어 일본에 수출하던 공장이 있던 자리다.

동해와 남해 차갑고 뜨거운 물이

격렬하게 바위를 쳐대고

> 더욱 깊어지는 바다안개 속에서
> 푸른 뱀이 파도와 엉긴다
> 물결 속에서 천년을 입 다문
> 모래 한 알, 푸른 진주로 눈뜬다
> 절정을 앞둔 해당화 꽃잎
> 홑겹의 붉은 신음에 닿는다
>
> - 최정란 시 '청사포'에서

푸른 뱀이 파도와 엉키고 모래가 푸른 진주로 여무는 청사포. 청사포는 부산에 있는 포구이면서 여기가 부산이 맞나 생각이 드는 포구다. 이천년대 포구이면서 육십년대 칠십년대 포구 같은 포구다. 저녁이면 전등 대신에 호롱불을 밝힐 것 같은 포구다. 호롱불 밝히고 하늘 천 따 지를 복습할 것 같은 포구다.

청사포 향학열은 소문난 향학열이다. 새마을금고와 어촌계 회관은 서당이 있던 곳. 청사서당이다. 배워야 일본을 물리친다는 의분으로 의연금을 모아서 세운 서당이다. 한일합방 되던 해 세워져 이십몇 년을 하늘 천 따 지를 배우고 익힌다. 송정에서 미포에서 구덕포에서 좌동에서 학동들이 찾아오고 서당을 거친 학생들은 동래로 수영으로 진학해 극일의 심지를 밝힌다.

배는 열다섯 척 스무 척. 배보다 세워둔 자가용이 많고 자가용보다 사람이 많다. 오는 사람 가는 사람. 횟집 창문으로 보이는 사람 방파제에서 낚시를 하는 사람. 방파제 끄트머리에서는 등대 공사가 한창이다. 갈매기가 등대 꼭대기에 앉아 등대라도 되는 듯이 오는 배 가는 배를 굽어본다. 오는 사람 가는 사람을 굽어본다.

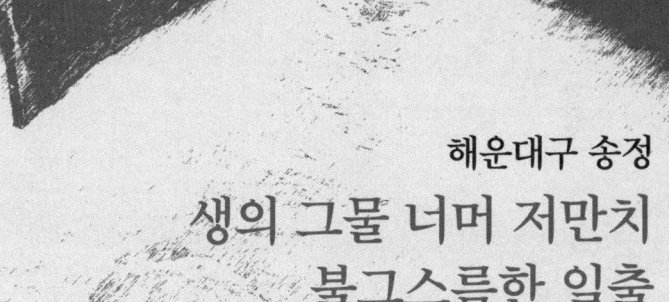

해운대구 송정
생의 그물 너머 저만치
불그스름한 일출

처음은 멀어진 그대. 그대와 나 사이가 팽팽해서 그러리라.
지금은 느슨한 그대. 그대와 나 사이가 가까워서 그러리라.
팽팽한 것도 배 하나 사이 거리. 느슨한 것도 배 하나 사이 거리.
손을 뻗으면 그대가 있고 손을 뻗으면 내가 있다.

해운대구 송정_생의 그물 너머 저만치 불그스름한 일출

송정은 동해바다. 해가 뜨는 바다. 해가 뜨는 포구. 포구는 해를 닮아 둥글다. 빨간 등대에서 한 바퀴 빙 돌면 흰 등대. 배도 앞머리가 뾰족한 배보다 둥그런 배가 많다. 해를 보려고 해가 뜨기도 전에 모여드는 사람들. 둥글어지려고 모여드는 사람들.

어둡지도 않고 밝지도 않은 시각. 보이는 것도 아니고 안 보이는 것도 아닌 시각. 소리는 선명하다. 둥글다. 밧줄로 잇댄 배와 배가 부딪치는 소리. 부딪쳤다가 떨어지는 소리. 해가 뜨는 바다에 적을 둔 배라서 부딪치는 소리도 둥근가. 떨어지는 소리도 둥근가.

구름은 두텁다. 구름층이다. 해가 달구는지 구름층이

불그스름하다. "야호오! 야호오! 야호오!" 장년인지 노년인지 아주머니 두 분 구름층에 대고 야호를 길게 세 번 외친다. 삼각대를 펼치고 일출을 기다리는 사람들도 표정이 불그스름하다.

바다도 불그스름하다. 불그스름한 바다를 배가 나가고 들어온다. 나가는 배는 가볍고 들어오는 배는 무겁다. 조급증을 부리듯 휑하니 나가는 배. 여유를 부리면서 느긋하게 들어오는 배. 수면에 배를 붙이고 물결 따라 오르내리는 갈매기도 알 건 다 아는지 들어오는 배만 따라붙는다.

"이거는 홍등, 저거는 녹등." 좀 전에 들어온 배는 1톤짜리 소형 해동호. 뱃전에 늘어뜨린 그물에는 게가 바글댄다. 올해 예순셋 이덕율 선장이 아침거리로 갑판에서 복어를 다듬는다. 복어를 보깽인지 꼬깽인지로 부른다. 독 있는 고기가 맛있다는 말도 하고 콩나물 넣고 끓이면 복어만큼 시원한 국이 없다는 말도 한다.

'홍등 녹등'은 여기 뱃사람이 빨간 등대, 흰 등대를 보고 하는 말. 붉은 등불을 비추는 빨간 등대가 홍등이고 초록 등불을 비추는 흰 등대가 녹등이다.

말 값을 치른다. 게를 만 원어치 산다. 묵직하다. 꽃게와 돌게란다. 서울에서 관광 왔다는 장년은 돌게를 '박하지'라고 한다. 충청도 위쪽 태안이나 인천 소래포구에서는 그렇게 부른단다. 해동호가 오늘 새벽 세 시 나가 잡아온 고기는 부시리 문어 방어 복어 게. 썰어 줄 테니 방어도 사 가란다. 말만 들어도 입에 침이 고인다. 방실댄다.

날이 밝아지거나 말거나 배는 여전히 부딪치고 떨어진다. 영복호. 밧줄로 잇댄 세 척 배 중 하나다. 시선을 끈다. 목선이라서 시선을 끌고 다른 배는 대개가 바다색인데 흙색 황토색이라서 시선을 끈다. 이름도 물어봐서 영복인 줄 알았지 언뜻 보면 명복이다. 황천길 떠난 이 명복을 빌어 줄 것만 같은 배가 부딪쳤다간 떨어지고 부딪쳤다간 떨어지면서 곡소리를 낸다.

영복 다음다음 배는 대변. 가운데 배는 두 배보단 높이가 낮고 길이는 짧다. 낮고 짧은 배가 안쓰럽다. 영복호에 부딪쳤다간 떨어지면서 대변호에 부딪치고 대변호에 부딪쳤다간 떨어지면서 영복호에 부딪친다. 낮고 짧은 배가 바다색이라서 시퍼렇고 부딪치고 부딪쳐 멍들어서 시퍼렇다. 배를 잇댄 밧줄은 잇댄 배가 멀어지면 팽팽해지고 다가오면 느슨해진다.

사람과 사람 사이도 그러리라. 멀어지면 팽팽하고 다가가면 느슨한 사람과 사람 사이. 지금은 멀어진 그대. 그대와 나 사이가 팽팽해서 그러리라. 지금은 느슨한 그대. 그대와 나 사이가 가까워서 그러리라. 팽팽한 것도 배 하나 사이 거리. 느슨한 것도 배 하나 사이 거리. 손을 뻗으면 그대가 있고 손을 뻗으면 내가 있다.

산다는 것도 그러리라. 팽팽하다가도 느슨하고 느슨하다가도 팽팽한 것, 산다는 것. 지금 팽팽하다고 해서 언제나 팽팽하랴. 지금 느슨하다고 해서 언제나 느슨하랴. 사람과 사람 사이에 끼여 시퍼렇게 멍든 그대. 멍은 다르게 보면 바다색이려니 멍들면서 정신은 바다를 닮아 가려니. 바다가 되어 가려니. 부딪쳐 보지 않고 멍들지 않고 어찌 저 바다를 알리. 저 바다에 감히 나가리.

> 바다에서 나는 소리를 듣고 있으면
> 바다는 물이 있어서 바다가 아니라
> 소리가 있어서 바다라는 생각이 든다
> 물이 밀려가고 밀려와서 바다가 아니라
> 소리가 밀려가고 밀려와서 바다라는 생각이 든다
> 물 위에 사는 것과 물 아래 사는 것이
> 소리로 만나는 갯벌
> 소리는 파도를 타고 밀려가고 밀려오면서
> 손바닥에 놓고 비벼 대는 뻘처럼
> 점점 가늘어지고 점점 순해진다
> 바다에서 나는 소리를 듣고 있으면

> 나를 바다에 세운 게
>
> 바다에서 나는 소리가 아니라
>
> 내 안에서 나는 소리라는 생각이 든다
>
> 밀려가고 밀려오는 소리가 빠져나가
>
> 나를 가늘고 순하게 하려고
>
> 소리가 밀려오고 밀려가는 바다에
>
> 나를 세운지도 모른다는 생각이 든다
>
> — 동길산 시 '소리'

등대와 등대 사이로 갯바위가 보인다. 아무런 치장도 하지 않은 바위다. 아무런 치장도 필요 없는 바위다. 불그스름한 구름층은 갯바위 너머 구름층. 해는 갯바위 너머로 뜰 것이다. 아무런 치장도 하지 않고 아무런 치장도 필요 없는 갯바위 너머에 떠서 이 바다를 밝히고 이 바다를 데울 것이다.

해는 변죽만 울린다. 뜨기는 떴을 텐데 날이 다 밝도록 보이지 않는다. 구름층도 불그스름한 빛을 거둔다. 야호를 길게 외치던 아주머니는 진즉에 나가떨어지고 일출을 기다리던 삼각대도 접힌다. 해가 뜨지 않는다는 것을 아는지 수면에 배를 붙인 갈매기는 하나같이 해를 등지고 육지를 향해 머리를 둔다. 나도 해를 등진다. 언 몸을 잔뜩 구부려 육지를 보며 걷는다.

　해수욕장 입구 국밥집. 이 신문 저 방송 맛집으로 소개됐다는 간판에 김이 자욱하다. 사람이 자욱하다. 아침을 먹지 않은 속이다. 허겁지겁 속을 풀고 손님에 밀려 허겁지겁 나온다. 뒤따라 나온 아주머니가 계산했느냐며 붙잡는다. 순서를 기다리는 손님과 식사를 마치고 나온 손님이 일제히 쳐다본다. 계산을 하고 나왔는데도 얼굴이 화끈댄다. 속까지 불그스름해지는 기분이다.

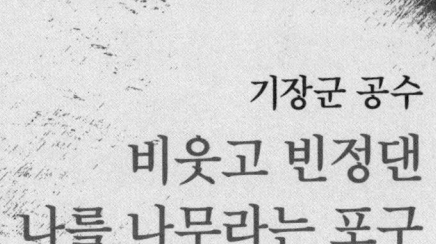

기장군 공수

비웃고 빈정댄
나를 나무라는 포구

겉보기와 딴판인 공수. 사람도 그러리라. 겉보기와 딴판인 사람이 한둘이 아니리라. 겉을 보고 속을 비웃은 적은 없었을까. 겉과 속이 같지 않다고 빈정댄 적은 없었을까. 겉과 속이 같지 않는 숱한 장삼이사. 나 같은 사람들. 하루에도 몇 번 사표 던지고 싶은 속을 꾹 누르고 머리 숙이고 허리 숙이는 숱한 직장인이야말로 사회를 떠받치고 가정을 떠받치는 기둥이 아닌가.

기장군 공수_비웃고 빈정댄 나를 나무라는 포구

겉보기완 딴판이다. 겉 다르고 속 다르다. 차 다니는 큰 길에서 보면 밋밋한 마을이라 그냥 지나치기 십상이지만 마을 안에 들면 있을 건 다 있다. 뱃사람 안녕과 풍어를 비는 서낭당이 있고 등대가 있고 어촌체험공간이 있고 민박 펜션이 있고 정자가 있고 자연산 횟집이며 짚불곰장어집이 있고 커피전문점이며 레스토랑이 있다. 현대식 깨끗한 공중화장실과 운동기구는 여기가 시골티 풍기는 어촌인가 싶을 정도다.

공수는 공수 자체로도 이름값을 하지만 주변도 이름값을 한다. 포구 오른편 서낭당 언덕 편평한 바위와 군부대 초소 터는 자연이 차린 밥상 내지는 술상. 거기서 바라보는 부산 바다는 부산 바깥의 모든 바다를 줄 테니 바꾸자고 해도 바꾸지 않을 절경이다. 왼편으로 가면 용궁사로 이어지는 갯바위 오솔길. 갯바위와 맞물려 이어지는 오솔길 역시 천금을 준대도 만금을 준대도 고개 절레절레 흔들 절경 중의 절경이다.

공수 포구는 송정 포구와 맞닿는다. 송정 포구에서 기장 방면 1km쯤 지점 오른쪽에 공수마을 표지석이 보인다. 송정에서 걸어가려면 '물횟집' 골목으로 길을 꺾으면 된다. 물횟집을 지나면 언덕이 나오고 서낭당이 나오고 빨간 등대가 나오고 공수마을이 나온다. 공수는 갈맷길 첫 구간. 첫 구간은 기장 임랑해수욕장에서 시작해 해운대 문탠 로드까지 33.6km다. 어른 걸음으로 열 시간 남짓 걸린다.

갈맷길은 부산을 대표하는 길. 모두 아홉 구간이다. 기장에서 시작해 부산을 한 바퀴 돈 뒤 기장에서 끝나는 장장 700리 대장정이다. 매년 가을 갈맷길 축제가 열리고 축제가 열리면 도보꾼이 전국에서 몰려온다. 눈 맞아 갈맷길 커플도 나오지 싶다. 갈맷길은 뜻이 여럿이다. 갈매기와 길의 합성어도 되고 짙은 초록을 뜻하는 갈맷빛 길도 된다. 부산의 길은 해안길과 강변길과 숲길. 갈맷길은 이 모두를 아우른다.

'대변항 8.2km 해동용궁사 3km 송정해수욕장 1.3km.' 갈맷길 구간답게 '작고 아름다운 포구' 공수는 이정

표이며 안내판이 잘돼 있다. 돛단배를 본뜬 공수어촌체험마을 안내소는 멀리서 보면 돛이 바람에 펄럭이는 것 같다. 전통 조업 방식인 후릿그물 체험과 미역과 다시마 등 해초류 말리기 체험이 자연과 거리를 두고 사는 도시인을 유혹한다.

"미역이 뻘에 닿지 말라고 띄우는 것 아이요." 여든은 돼 보이는 할머니 두 분이 마당 정리 중이다. 담은 따로 없이 밧줄이며 공 모양 부이가 잔뜩 재여 담 노릇을 한다. 그것들을 가리키며 용도를 묻자 미역양식장 물건이란다. 플라스틱 부이는 미역 그물을 띄우는 어구다. 미역이 뻘에 닿으면 생장에 문제가 있고 상품성이 떨어진단다.

공수 앞바다는 미역양식장 부이가 바둑돌처럼 촘촘하다. 산모 미역이니 친환경 자연건조 미역이니 다시마 같은 여기 특산품을 다루는 가게가 몇 있다. 미역 철이 끝나면 다시마 양식에 들어간다. 장마가 닥치기 전인 5, 6, 7월이 다시마 철이라며 포구 구멍가게 안주인이 일러 준다. 과자류 일색인 조그만 슈퍼지만 상호는 술내 풍기는 포장마차다. 고급 '오뎅'을 쓴 국물이 진국이고 손님이 원하면 라면도 끓여 준다.

"아는 사람이 사면 아무래도 싸지요." 공수 어선은 대부분 미역양식용 배. 그 사이에 아귀 잡는 배가 한 척 끼어 있다. 아귀 배는 철따라 납세미도 잡고 물메기도 잡는다. 고기 잡히면 사 달라고 미리 부탁하면 가게 안주인이 다리를 놓기도 한다. 안주인 바깥양반과 아귀배 선장이 친구라서 싸게 살 수 있다는 귀띔이 오뎅 국물처럼 뜨끈하다.

"왜 공수일까요?" 포구 가이드를 나서면 참가자에게 으레 묻는 질문이다. 공수부대가 주둔해서 그런가 너스레를 떠는 참가자가 있고 공수래공수거라서 공수 아니냐고 반문하는 참가자가 있다. 가게 안주인 역시 군 초소 터가 있는 서낭당 언덕을 가리키며 공수부대를 들먹인다.

고려와 조선시대 공수는 고유명사보단 보통명사에 가까웠다. 전국각지에 있었다. 공수전(公須田)이 있는 마을을 공수촌, 공수리라고 했다. 지금도 그 흔적이 남아 있다. 전남 신안 공수마을, 강원 양구 공수리, 충남 아산 공수리와 공수초등, 충남 홍성 공수마을회관 등이다.

공수 수(須)는 다양한 뜻을 갖는다. '수염, 모름지기'라는 뜻도 있고 반드시 쓴다는 필수(必須)처럼 '쓸 수'로도 쓰인다. 공수전은 그러니까 공공용으로 쓰는 밭을 이른다. 밭을 경작해 얻은 수익을 공용으로 썼다. 교통이 좋지 않던 시절 출장 나온 관리가 숙식할 경우 그 경비를 댔으며 관아 건물 개보수 비용을 대었다. 관리 월급에 보태기도 했다. 포털사이트 다음의 국어사전은 공수전을 다음과 같이 정의한다.

공수전(公須田) : 고려와 조선 시대, 지방 관청의 경비를 마련하기 위해 주(州), 현(縣), 향(鄕), 부곡(部曲), 역(驛), 관(館) 등에 지급한 토지를 이르던 말. 지방 관청의 운영 경비와 관원의 녹봉을 조달하는 재원이 되었으며, 빈객(賓客)의 접대에 드는 비용을 마련하는 데 쓰이기도 하였다. 공수위(公須位)라고도 한다.

- daum 국어사전

    기장 공수는 겉보기완 딴판이다. 겉으로 보는 거완 완전히 다르다. 고려시대 지명을 아무렇지 않게 쓰는 유구한 역사가 그렇고 들어갈수록 깊어지는 포구의 풍광이 그렇다. 역사에 비해 풍광에 비해 공수가 덜 알려진 것은 마을이 송정과 대변 사이에 낀 까닭이 크다. 공수를 모르는 사람은 해수욕장이 있는 송정은 찾아도 멸치축제가 열리는 대변은 찾아도 공수는 지나쳐 버린다. 오죽하면 시인들도 지나쳐 버려 인용할 만한 시 한 편 없을까. 시 한 편 없어 다음 국어사전을 인용해야 했을까. 덕분에 공수 바다는 청정해역이다. 산모에게 최고로 좋다는 청정 미역을 품은 바다가 공수다.

    겉보기와 딴판인 공수. 사람도 그리리라. 겉보기와 딴판인 사람이 한둘이 아니리라. 겉을 보고 속을 비웃은 적은 없었을까. 겉과 속이 같지 않다고 빈정댄 적은 없었을까. 겉과 속이 같지 않는 숱한 장삼이사. 나 같은 사람들. 하루에도 몇 번 사표 던지고 싶은 속을 꾹 누르고 머리 숙이고 허리 숙이는 숱한 직장인이야말로 사회를 떠받치고 가정을 떠받치는 기둥이 아닌가. 공수 포구는 겉을 보고 속을 비웃은 나를 나무라는 포구고 겉과 속이 같지 않다고 빈정댄 나를 나무라는 포구다. 포구에 부는 바람 소리가 공수래공수거 공수래공수거 무슨 염불 같다.

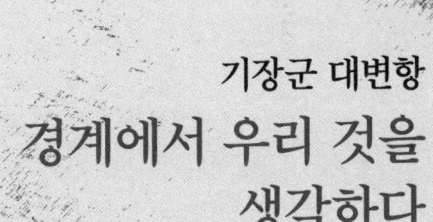

기장군 대변항
경계에서 우리 것을 생각하다

비린내는 당장은 역겨울지 몰라도 얼마 지나지 않아 아무렇지
않게 되고 얼마 지나지 않아 비린내와 내가 하나가 된다.
이이일(二而一)이 된다.
곰삭아 가는 것과 말라 가는 것과 하나가 되는 나.
나 역시 지금 이 순간은 말할 것도 없고
부단히 곰삭아 가고 있고 부단히 말라 가고 있다. 그렇지 않은가.

기장군 대변항_경계에서 우리 것을 생각하다

대변은 대원군이다. 대원군 척화비다. 대원군 척화비 꼿꼿한 정신이다. 그래서 기장 대변에는 사시사철 냉기가 돈다. 냉기가 들어 누구는 몸에 감기 들고 누구는 정신에 감기 든다. 어디 가서 돈 자랑 하지 말고 어디 가서 주먹 자랑 하지 말라지만 기장 대변에선 정신 자랑 하지 말아야 한다. 멋모르고 들먹이다간 '오라지게' 감기 든다.

대변은 꼿꼿하다. 대변은 변방. 중앙의 변방이고 부산의 변방이고 육지의 변방이다. 그런데도 주눅드는 일이라곤 없다. 변방은 경계이고 경계는 또 다른 중심인 걸 아는 까닭이다. 대변은 육지와 바다의 경계이면서 육지와 바다의 중심이다. 중심에서 밀려나, 변방으로 밀려나 속상한 그대, 대변에 서 보라. 그대 선 곳이 중심이다.

대동고변포(大同庫邊浦). 대변의 본명이다. 대동고는 조선시대 공물 보관 창고. 백성이 궁중이나 나라에 바치던 지역 특산물을 보관하던 창고로 방방곡곡 강변과 내륙에 두었다. 대변은 대동고가 있는 변두리 포구를 줄인 말. 그 변두리 포구가 지금은 부산을 대표하는 어항이다. 부산에서 국가가 관리하는 어항은 세 군데. 다대포와 가덕도 천성항, 그리고 대변이다. 변방으로 밀려난 그대, 낙담하지 말라. 변방이 중심이다. 그대가 중심이다.

대변 특산품은 멸치다. 멸치 중에서도 대멸이다. 정신이 꼿꼿한 대변은 자잘한 소멸은 아예 잡지를 않는다. 그물코 널따란 그물만 써 세멸 소멸은 모조리 빠져나가게 하고 댓자만 잡아낸다. 대변은 자잘하지 않고 대범하다! 멸치 잡는 곳은 대변 3마일 연안에서 대마도 경계수역까지. 청정어장이고 한류와 난류가 교차하는 해역에서 몸집을 불린 대멸이기에 살점이 쫀득하고 야무지다. 멸치축제 열리는 봄철이면 대변엔 사람이 미어터지고 자가용이 미어터진다.

"멸치 터는 데만 보통 대여섯 시간 걸리요." 양이 많으면 열 시간이 걸리기도 한다는 박정수 대변멸치유자망협회 총무는 멸치잡이 배 창승호 선주를 겸한다. 창승호는 25톤 근해자망어선. 자망은 유자망과 고정자망 두 가지가 있다. 요즘은 통틀어 자망이라고 한다. 유자망협회 이름도 자망협회로 바꿔야 하는데 번거로워 차일피일한다. 수직으로 펼쳐 조류를 따라 흘려보내는 그물이 유자망이다. 폭은 10m 정도지만 길이는 1km, 2km, 저 바다 끝까지 얼마든지 늘릴 수 있다. 멸치잡이가 끝나면 멸치 그물 그대로 둘둘 말아서 포구로 돌아온다.

멸치는 왜 멸치일까. 몇몇 뜻풀이가 있다. 뜻풀이 하나는 작아서 멸시한다고 멸치! 하지만 대변 대멸은 결단코 주눅 들지 않는다. 남이야 멸시하든 말든 대변 대멸은 죽어서도 그냥 죽지 않는다. 그물을 털 때마다 은빛 비늘 희번덕대며 펄쩍펄쩍 튀어 오른다. 대든다. 대들면서 터는 사람, 구경하는 사람에게 비린내 나는 비늘을 어퍼컷 어퍼컷 연방 날린다. 대변 멸치는 죽어서도 펄쩍펄쩍 대들고 죽어서도 꼬장꼬장 성깔을 부린다. '너거는 안 죽나 봐라, 너거는 안 죽나 봐라' 멸치그물 털면서 부르는 후리소리 후렴이 꼭 그렇게 들린다.

> 우리도 수많은 멸치떼처럼
> 어디에서나 불시에 죽게 되어 있다.
> 멸치의 떼죽음은 아무도 슬퍼하지 않듯이
> 그렇게 잊혀져가는 죽음들이 얼마든지 있다.

기장 대변 바닷가

은빛으로 눈부시게 살다가

죽어서도 은빛을 버리지 않고

그물에서 무참히 털리고 있다.

- 김규태 시 '멸치의 죽음'에서

대변 포구는 유독 비리다. 비린내가 사시사철 냉기처럼 포구에 감돈다. 비린내는 곰삭아 가는 멸치젓갈에서 풍기고 꾸덕꾸덕 말라 가는 오징어 덕장에서 풍긴다. 덕장에선 갈치가 꾸덕꾸덕 말라 가고 납세미가 꾸덕꾸덕 말라 간다. 비린내는 당장은 역겨울지 몰라도 얼마 지나지 않아 아무렇지 않게 되고 얼마 지나지 않아 비린내와 내가 하나가 된다. 불이(不二)가 된다. 곰삭아 가는 것과 말라 가는 것과 하나가 되는 나. 나 역시 지금 이 순간은 말할 것도 없고 부단히 곰삭아 가고 있고 부단히 말라 가고 있다. 그렇지 않은가.

"김장철만 되면 여기 옵니다." 경북 구미 오상열 선생은 대변 멸치젓갈 광팬이다. 우연한 기회 여기 젓갈로 김치를 담갔다간 그 맛에 혹해 구미 그 먼 거리에서 기꺼이 찾아온다. 대변 젓갈에 대한 좋은 감정은 멸치회에도 이어지고 멸치구이에도 이어져 김장철, 김장 아닌 철 가리지 않고 대변을 찾는다. 비린내가 풍기는 깊은 맛은 이처럼 갯가 사람은 말할 것도 없고 내륙 사람까지 가까이로 불러들인다. 갯가 사람도 찾고 내륙 사람도 찾는 세상의 중심, 거기가 비린내 풍기는 대변이다.

비린내야 풍기든 말든 대변 바다는 장판이다. 찡그리지 않는다. 멸시하든 말든 대변 멸치가 주눅들지 않듯. 대변 바다가 장판처럼 잔잔한 것은 월드컵 등대 방파제니 천하대장군 등대 일자 방파제니 여기저기 방파제가 먼바다에서 들이닥치는 풍랑을 막아 주는 덕분이다. 대원군 척화비 꼿꼿한 육지와 장판처럼 잔잔하고 비단결처럼 보드라운 바다. 대변은 육지와 바다가 찰떡궁합이다. 육지가 요지부동이면 바다가 자분자분 달래는 폼이 영판 오랜 날 살 맞대고 산 부부다. 매사 고집 세고 말 안 통하는 요지부동 남편을 이리로 데려와 자분자분 달래면 간도 내놓겠고 쓸개도 내놓겠다.

척화비는 대변 초입 용암초등학교 교문 옆에 있다. 떨거지에서 지존의 아버지로, 청나라 인질로 풍상이 남달랐던 흥선 대원군만큼이나 대원군 엄명으로 세운 화강암 척화비는 겪은 풍상이 남다르다. 서양 오랑캐에게 병인양요와 신미양요 두 번의 고초를 겪은 뒤 외세에 대한 경각심을 높이려고 척화비를 조선팔도 세운 게 1871년. 이후 조선이 개방되면서 대부분 철거되거나 매장되는 비운을 맞는다. 기장 척화비가 원래 있던 곳은 방파제 안쪽. 일제강점기 바다에 버려졌다가

1947년 마을 청년들이 인양했다. 지금 수협 자리 공터에 세웠다가 건물이 들어서면서 초등학교로 옮겼다.

척화비에 손바닥을 댄다. 세월이 묻어 반들반들하다. 아침저녁으로 비린내에 노출된 척화비라서 코를 대면 비린내가 반들반들 묻어나지 싶다. 개방 대신 쇄국을 택한 대원군 척화비. 대변에선 척화비가 여전히 위력적이다.

척화비가 글로벌 21세기 동떨어진 유물이긴 하지만 생각해 볼 대목은 있다. 우리 것의 소중함이다. 경계가 허물어진 이 시대, 좋은 것이 좋은 것이 된 이 시대 우리 것은 무엇인가. 우리 것은 어디에서 어디까지인가. 우리 것의 소중함과 진득함을 생각하게 하는 대변은 그래서 소중한 포구고 진득한 포구이다.

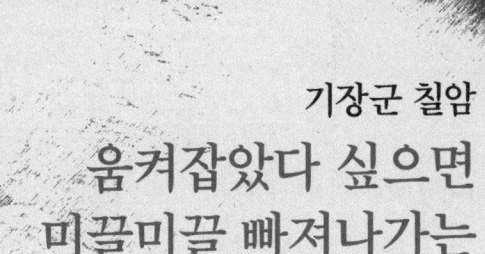

기장군 칠암

움켜잡았다 싶으면
미끌미끌 빠져나가는

칠암은 미끌미끌한 포구. 손으로 잡아도 빠져나가고
눈으로 잡아도 빠져나간다. 칠암에 오면 기억도 미끌미끌
빠져나간다. 남들은 몰라도 나는 아는 기억들. 남들은
잊었어도 나는 잊지 못하는 기억들. 무겁고 힘든
기억들이 잠시나마 미끌미끌 빠져나가는 포구 칠암.

기장군 칠암_움켜잡았다 싶으면 미끌미끌 빠져나가는

칠암은 미끌미끌하다. 움켜잡았다 싶으면 빠져나간다. 움켜잡는 재미에 빠져나가는 재미에 사람들이 첨벙첨벙 몰려든다. 사람은 제각각이다. 손으로 움켜잡는 사람 눈으로 움켜잡는 사람 입담으로 움켜잡는 사람. 칠암에 오면 사람들도 미끌미끌해진다. 왔다간 빠져나가고 왔다간 빠져나간다.

미끌미끌한 칠암은 등대도 미끌미끌하다. 잡았다 싶으면 빠져나가고 잡았다 싶으면 빠져나간다. 잡았다 싶으면 빠져나가는 미끌미끌한 등대는 일명 붕장어등대. 붕장어가 몸통을 이리 꼬고 저리 꼰 형상을 한 등대다. 붕장어 일본말은 아나고. 아나고 한자는 혈자(穴子). 해저 모래바닥에 구멍을

내고 숨는 습성으로 생긴 이름이다.

칠암은 나를 숨기고 싶을 때 찾는 포구. 얼굴이 화끈거릴 정도로 내가 부끄러울 때 찾는 포구다. 부끄러움은 어디에서 오는가. 남에게서 오는가 나에게서 오는가. 남도 아는 부끄러움이든 나만 아는 부끄러움이든 얼굴 화끈거리는 부끄러움으로 잠시나마 나를 숨기고 싶을 때 부산 동해바다 외진 포구 칠암은 시간 내어 다녀갈 만하다. 칠암에 든 그 순간만이라도 나를 괴롭히는 마음에서 미끌미끌 빠져나가기를. 미끌미끌 빠져나가는 나를 그 순간만이라도 눈감아 주기를.

미끌미끌 붕장어는 칠암 대표 먹거리. 해안을 따라 늘어선 횟집마다 '아나고' 전문을 내세운다. 열 집이 넘는 식당 가운데 붕장어를 내세우지 않는 집은 딱 한 집. 붕장어를 내세우지 않는 집이 우러러보일 정도로 칠암은 붕장어 천지다. 단골손님이 많고 단체손님이 많아 포구 주차장은 주말이면 공일이면 자가용으로 관광버스로 웅성거린다.

평일 주차장은 차 대신 '괴기'가 웅성거린다. 가자미 명태 같은 고기를 말리는 덕장이 상설시장처럼 선다. 두툼하고 투박한 손으로 아낙은 말라 가는 고기를 연신 뒤집고 아낙이 등 돌리는 틈을 타 갈매기는 고기를 연신 노린다. 손으로 움켜잡을 틈을 놓친 갈매기는 저만치 떨어진 가로등 꼭대기 앉아서는 눈으로 움켜잡는다. 고기 먹을 욕심으로 똘똘 뭉친

눈알이 벌겋다.

칠암은 등대의 포구다. 전국에서 등대가 가장 많은 부산에서도 등대가 가장 많은 포구가 칠암이다. 칠암에 있는 등대는 셋. 칠암에서 보이는 등대까지 합치면 모두 여섯이다. 칠암 등대 셋은 붕장어등대, 야구등대, 갈매기등대. 붕장어를 본뜬 등대이고 야구를 본뜬 등대이고 갈매기를 본뜬 등대다. 점등일은 모두 같다. 2012년 11월 15일이다. 나이가 같고 생일이 같은 갑장 등대는 다투는 일도 없이 넘보는 일도 없이 칠암 앞바다에서 깜빡인다. 칠암 앞바다를 알록달록 물들인다.

칠암 갑장 등대는 홍보대사. 칠암을 알리고 부산을 알린다. 지역특성을 살려 디자인한 홍보대사 등대는 전국적으로 서른이 채 되지 않는다. 그런 등대가 여기만 셋이 있으니 칠암은 복도 많다. 여기서 등불 깜박대고 저기서 등불 깜박대는 폼이 잘된 자식 여럿 둬 여기서 우쭐대고 저기서 우쭐대는 집안 어른 같다. 보이는 등대 셋은 왼쪽이 문동·문중등대, 오른쪽이 신평등대다. 칠암에 있는 등대 셋과 칠암에서 보이는 등대 셋 모두 여섯 등대는 홍등과 녹등을 차례차례 깜박이며 칠암 바다를 홍조 들이고 녹조 들인다. 칠암 바다를 찾은 사람을 홍조 들이고 녹조 들인다.

야구등대는 최동원등대로도 불린다. 글러브와 배트 형상 등대 안으로 들어가면 '레전드' 최동원 투수의 사진과 그의 생애가 벽면에서 빛난다. '바다와 야구를 사랑하는 시민의 뜨거운 열정을 담아' 세웠다는 등대 건립 안내문은 부산이 전국에서 가장 뜨거운 야구도시임을 웅변한다. 안내문 끝 구절은 '이곳 거칠바위에 밝은 등불을 밝힌다.' 칠암은 다의적이다. 일곱 바위 칠암(七巖)이고 옻칠한 듯 윤나는 바위 칠암(漆巖)이고 거칠바위 칠암이다.

부산에서 최동원은 현재진행이다. 최동원 전성기는 칠팔십년 대. 전성기는 오래전 지났건만 타계한 지도 몇 년이 지났건만 최동원은 여전히 박력이 넘친다. 최동원투수상이 제정되었고 최동원기념관이 탄력을 얻는다. 살아서는 전설이었고 죽어서는 불멸이 된 최동원. 야구등대가 점등하는 날 최동원전시관을 찾은 최동원 어머니 김정자 여사는 애써 준 부산시민이 고맙다며 눈시울 붉혔다. 하지만 정작 고마워해야 할 사람은 부산시민이다. 당대를 함께해 준 무쇠팔 최동원이, 지난날을 함께해 준 무쇠정신 최동원이 부산시민은 고맙고 고맙다.

> 등대에 등을 기대고 서 있으면
> 바다에 뜬 것들이
> 제가 뜨려고 하는 힘만으로 뜬 게 아니라
> 바다가 등을 받쳐줘 떠 있단 걸 알게 된다

물렁물렁해 보이는 바다지만

물에 빠진 것을 온몸으로 떠받쳐서

가라앉지 않고 떠 있단 걸 알게 된다

〈중략〉

등대에 등을 기대고 서 있으면

이 세상에 나만 아픈 게 아니란 걸 알게 된다

나도 누군가에겐

등대여야 한다는 걸 알게 된다

- 동길산 시 '등대'

    포구에 서서 등대를 본다. 늘 저 자리, 늘 한 자리 등대는 오죽 갑갑할까 오죽 답답할까. 등대를 보고 있으면 나는 복이 많은 사람인 걸 알게 된다. 마음대로 움직이고 가고 싶은 대로 가는 나는 얼마나 행복한가. 칠암 등대를 보고 있으면 내가 가진 행복이 결코 작은 행복이 아님을 깨닫게 된다. 내가 가진 행복에 내가 둔감했음을 깨닫게 된다.

    지난날 지난 일을 생각한다. 지난날 지난 일은 대체로 천근만근이다. 어깨를 짓누른다. 좋은 일 기쁜 일도 많았을 텐데 안 좋은 일 슬픈 일에 대한 기억이 나를 무겁게 하고 내가 불행하다고 생각하게 한다. 나만 그런가. 남도 그런가. 다가오는 날들 역시 언젠가는 지난날 지난 일이 될 것이다. 그것들은 또 얼마나 나를 무겁게 할 것인가. 내가 불행하다고 생각하게 할 것인가.

지난날은 과거인가. 과거이면서 현재인가. 과거이면서 현재이면서 미래인가. 지난날 겪었던 숱한 일들. 어떤 일은 희미하거나 아예 지워졌지만 어떤 일은 잊을 만하면 생각난다. 어떤 일은 이삼일 지나서 흐지부지됐지만 어떤 일은 십 년 이십 년 아무리 시간이 지나도 또렷하다. 평생을 가는 일도 있다. 오늘도 생각나고 내일도 생각나고 십 년 이십 년이 지나도 생각나는 지난날 지난 일. 지난날은 과거면서 현재고 그리고 미래다.

칠암은 미끌미끌한 포구. 손으로 잡아도 빠져나가고 눈으로 잡아도 빠져나간다. 칠암에 오면 기억도 미끌미끌 빠져나간다. 남들은 몰라도 나는 아는 기억들. 남들은 잊었어도 나는 잊지 못하는 기억들. 무겁고 힘든 기억들이 잠시나마 미끌미끌 빠져나가는 포구 칠암. 칠암 갯바위에 내려앉은 갈매기는 알아듣지 못할 소리를 내고 또 낸다. 소리가 미끌미끌하다.

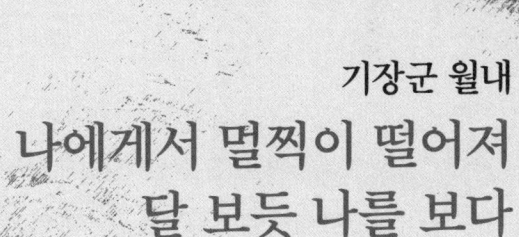

기장군 월내

나에게서 멀찍이 떨어져 달 보듯 나를 보다

귀도 얇고 마음도 얇아 이 말 들으면 이 말이 맞고
저 말 들으면 저 말이 맞다. 내 안에 있는 나와 내 밖에 있는 나는
또 얼마나 다른가. 매일매일 다르고 시시각각 다른 나.
월천교 아래 강물과 바닷물처럼 나는 나를 만나 하나가
될 수는 없을까. 내 안의 나와 내 밖의 내가 강물과
바닷물처럼 하나로 만나 해맑을 수는 없을까.

기장군 월내_나에게서 멀찍이 떨어져 달 보듯 나를 보다

은은하다. 은색 달빛이 은은하고 달빛이 비추는 바다가 은은하다. 바다에 비친 달빛은 일직선. 일직선 뱃길 같다. 저 뱃길에 나를 띄우면 두둥실 달빛이 나를 이끌리라. 달빛에 이끌려 마침내 은색 달에 닿으리라. 달에 닿은 나는 얼마나 은은하게 보일 텐가. 멀리에서 보는 나는 얼마나 은은할 텐가.

살다 보면 내가 미울 때가 있다. 내가 한 말이 밉고 내가 한 행동이 미워 나에게서 멀찍이 떨어지고 싶을 때가 있다. 나는 누군가. 나는 무엇인가. 그러나 아무리 다그쳐도 나는 나. 미우나 고우나 평생 안고 가야 할 나고 평생 품고 가야 할 나다. 가까이서 보면 미워도 멀찍이 떨어져서 보면 나에게

도 은은한 면이 분명 있으려니. 내가 한 말, 내가 한 행동엔 그럴 만한 까닭이 분명 있으려니.

월내는 내가 미울 때 찾는 포구다. 나를 가까이 두기 싫을 때 찾는 포구다. 이런 나도 나고 저런 나도 나지만 할퀴고 싶도록 내가 미울 땐 되도록 나에게서 멀리 떨어지는 게 상책. 저멀리 수평선 위에 뜬 달 보듯 나를 바라보는 건 상책 중의 상책이다. 달 뜨는 포구 월내는 그래서 달 보듯이 해야 하는 포구다. 나를 달 보듯이 해야 하는 포구다.

월내(月內) 원래 이름은 월래(月來)다. 월호(月湖)라고도 한다. 70년대 유행가 가사 '호수에 잠긴 달은 당신의 고운 얼굴'을 허밍으로 부르며 거닐면 딱 좋은 포구다. 달이 뜨면 달빛은 바다 수면을 가로질러 내가 있는 자리로 밀려온다. 부산 바다는 동해와 남해가 만나는 바다. 동해와 남해가 만나는 지점은 오륙도. 오륙도 동쪽 바다는 모두 동해바다다. 월내는 부산 동해 끝자락 포구다. 사실 끝자락 포구는 고리원자력과 맞닿은 길천이지만 월내나 길천은 월천교 다리 하나 거리니 거기서 거기다. 한 묶음이다.

불빛은 바닷속

길을 내지만

시인은 삶의 어둠 속

길을 낸다

파도치는 방파제 끝에

등대가 서 있고

삶의 어둠 속에

시인이 서 있다

- 이해웅 시 '등대와 시인-월내방파제등대'에서

월내는 수면이 잔잔하다. 수면이 잔잔하니 수면에 뜬 1.24톤 연안통발어선 '장안'호도 잔잔하다. 배가 잔잔하니 어부가 벗어 놓은 물옷도 잔잔하고 매달린 전등도 잔잔하다. 장안호가 잔잔하니 장안호 옆에 정박한 예섬호도 잔잔하고 그 옆에 정박한 선상 낚싯배도 잔잔하다. 월내가 잔잔한 건 방파제가 이리 감싸고 저리 감싼 덕분. 방파제는 둘. 왼편이 붉은 등대 방파제고 오른편이 흰 등대 방파제다. 흰 등대 방파제는 낚시꾼이 득시글댄다. 낚시꾼 고함이 간간이 잔잔한 월내를 일그러뜨린다.

"어이, 소주 한잔 해!" 막 도착한 오토바이 음식은 짬뽕 둘. 한 그릇 육천 원짜리 짬뽕은 보기에도 먹음직스럽다. 다른 방파제도 그렇지만 월내 방파제 벽면은 여기저기 중국집이며 치킨집 전화번호가 인쇄체로 또는 손글씨로 존재감을 드러낸다. 낚시꾼이 전화하면 총알 속도로 배달한다. 낚시꾼 소주 됫병은 이미 절반 정도 거덜난 상태. 부산에서 왔다는 일행은 둘. 짬뽕에 손이 가다 말고 낚시하면서 말을 튼 꾼에게 빨리 오라 재촉한다. 재촉하는 고함이 월내 수면을 일그러뜨리고 낚시 바늘을 문 전어 표정을 일그러뜨린다.

일그러지기는 표구 현수막도 마찬가지. 잔잔하게 있다가도 간간이 몰아치는 해풍에 펄럭펄럭 표정을 구긴다. 현수막은 여기서 오일 장터가 열린다고 알린다. 장날은 매월 2일과 7일, 12일과 17일, 22일과 27일. 하단시장 오시게시장과 같은 날 장이 선다. 장날 월내를 찾으면 포구도 보고 장도 보고 일석이조다. 월내 특산품은 미역과 멸치. 앞바다 미역양식장이 넓으니 미역이 특산품인 것은 알겠는데 멸치가 특산품? 멸치 하면 기장 대변항이 다인 줄 알지만 월내 멸치도 특산이다. 오히려 월내 멸치, 월내 멸치젓갈 역사는 훨씬 오래다. 스토리도 있다. 월내 멸치 스토리 주연은 배상기(裵常起) 반수다.

월내 길가 공원은 어린이공원. 소나무로 둘러싸인 송림공원이다. 공원 입구에 불망비가 네 기 보인다. 불망비들은 주목해서 봐야 한다. 세 기가 오직 한 사람을 기린다. 그 한 사람이 바로 배상기 반수다. 반수(班首)는 보부상 우두머리. 백 년도 더 전 월내에 살면서 동해안 보부상 우두머리를 지낸 걸출한 장부가 배상기다. 1842년 태어나 1920년 타계한 배상기는 멸치잡이와 젓갈 사업으로 이 지역 최고 갑부가 된다. 멸치 갑부 배상기는 1895년 큰 흉년이 들자 월내와 좌천 장날마다 가마솥을 내걸고 요즘말로 무료급식을 했다. 장학 사업에도 큰돈을 썼다. 기장문화원 황구 기획실장은 일제강점기 독립운동 자금을 암암리 대기도 했다고 증언한다. 기장군 장안읍 용소리 시명산 8부 능선에 묘소가 있다.

공원 옆으로 하천이 흐른다. 천년 고찰 장안사 뒷산에서 발원한 장안천이다. 장안천은 월내와 길천 두 마을을 가르며 바다로 나아간다. 월내와 길천을 잇는 다리는 월천교. 월천교에서 내려다보면 물이 해맑고 바닥이 해맑다. 강물과 바닷물이 만나는 월천교 아래. 서로 다른 물이 만나면 저리 해맑은가.

물에 비친 나를 본다. 몸은 하나지만 내 안에 있는 나는 매일매일 다르고 시시각각 다르다. 이런 생각을 했다가 저런 생각을 한다. 귀도 얕고 마음도 얕아 이 말 들으면 이 말이 맞고 저 말 들으면 저 말이 맞다. 내 안에 있는 나와 내 밖에 있는 나는 또 얼마나 다른가.

매일매일 다르고 시시각각 다른 나. 월천교 아래 강물과 바닷물처럼 나는 나를 만나 하나가 될 수는 없을까. 내 안의 나와 내 밖의 내가 강물과 바닷물처럼 하나로 만나 해맑을 수는 없을까.

그러나 생각뿐. 열에 아홉은 마음 따로 행동 따로다. 그래서 나는 내가 밉고 밉고 밉다. 하지만 어쩌겠는가. 이런 나도 나고 저런 나도 나인 것을. 어차피 내가 보듬고 가야 할 나인 것을.

누구라도 그럴 것이다. 아무리 미운 나도 멀리서 보면 이해되는 구석이 있고 미워도 미워할 수만 없는 구석이 있을 것이다. 그렇게라도 나를 받아들이지 않고서 이 버거운 세상을 어찌 이고지고 가랴. 이 버거운 하루하루를 어찌 안고업고 가랴.

나에게서 멀찍이 떨어져 나를 바라보는 포구 월내. 월내 바닷바람 깊숙이 들이키며 달을 바라보라. 낮이라면 달이 지나갔을 자리를 바라보라. 술김에 한 말, 홧김에 한 행동에 포구를 찾고 달을 찾는 나는 알고 보면 이해되는 구석이 있는 사람이고 미워할 수만 없는 구석이 있는 사람이다. 잘 찾아보면 사랑할 만한 구석도 분명 있을 것이다. 분명 그럴 것이다. 내가 나를 사랑하게 하는 포구 월내. 월내는 속마음이 달덩이 같은 포구다. 달덩이처럼 둥글어서 나를 처음의 나로 돌아가게 하는 포구, 나를 나에게 돌아가게 하는 포구가 월내다.